중식·일식·복어조리기능사
필기+실기 올인원

2권 • 실기

"이" 한 권으로 합격의 "기적"을 경험하세요!

YoungJin.com Y.
영진닷컴

차례

초성별 차례

중식조리기능사

튀김 조리

p.2-24 탕수육

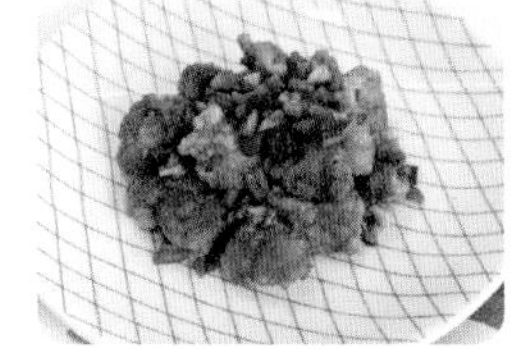
p.2-26 깐풍기

p.2-28 탕수생선살

조림 조리

p.2-30 난자완스

p.2-32 홍쇼두부

밥류 조리

p.2-34 새우볶음밥

면류 조리

p.2-36 유니짜장면

p.2-38 울면

냉채 조리

볶음 조리

후식 조리

일식조리기능사

무침 조리

p.2-66 갑오징어명란무침

국물 조리

p.2-68 된장국

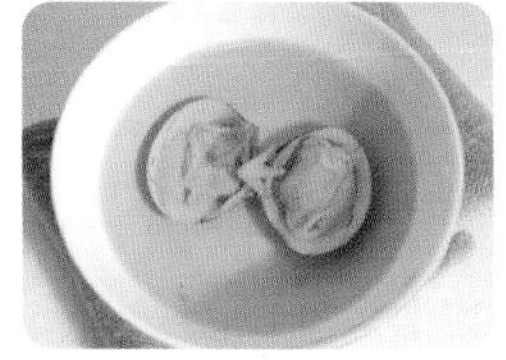

p.2-70 대합맑은국

p.2-72 도미머리맑은국

조림 조리

p.2-74 도미조림

면류 조리

p.2-76 우동볶음(야키우동)

p.2-78 메밀국수(자루소바)

밥류 조리

p.2-80 소고기덮밥

초회 조리

p.2-82 문어초회

p.2-84 해삼초회

찜 조리

p.2-86 달걀찜

p.2-88 도미술찜

롤 초밥 조리

구이 조리

복어조리기능사

복어 손질

재료 준비 및 손질

복어 조리

시험 안내

01 자격증 취득과정

❶ 필기시험 원서접수

- 접수기간 내에 인터넷을 이용하여 원서접수를 할 수 있다.
  (비회원의 경우 우선 회원 가입을 하고, 사진을 등록한 후 접수를 한다.)
- 한국산업인력공단 홈페이지 : q-net.or.kr
- 필기 응시료 : 전 시험 각 14,500원

❷ 필기시험

- 준비물 : 필기도구, 수험표, 신분증
- 문항수 : 총 60문항
- 합격기준 : 100점 만점에 60점 이상

❸ 필기 합격자 발표

CBT 필기시험은 시험종료 즉시 합격 여부를 발표한다.

❹ 실기시험 원서접수

- 접수 시 시험 날짜를 선택하며, 먼저 접수하는 수험자가 시험일자 및 시험장 선택의 폭이 넓다.
- 실기시험 자격 : 필기시험 합격자, 국가기술자격법 시행규칙 제18조에 의한 필기시험 면제 대상자
  (자세한 사항은 지역본부 및 지사로 문의)
- 실기 응시료 : 중식 28,500원, 일식 30,800원, 복어 35,100원

❺ 실기시험

- 준비물 : 수험표, 신분증, 실기 도구
- 합격기준 : 100점 만점에 60점 이상

❻ 실기 합격자 발표

q-net.or.kr에서 합격 여부를 확인한다.

❼ 자격증 교부

- 형태 : 수첩 형태의 자격증 발급
- 신청 절차 : q-net.or.kr에서 발급 신청
- 시험접수 관련 문의전화 : 1644-8000

02 실기 시험 진행 방법 및 주의사항

❶ 시험 전날 수검자 지참물을 준비 및 확인한다.

- 위생복, 앞치마, 위생모는 주름 없이 다려서 준비한다.
- 시험 시간과 장소를 확인하고 수검표, 주민등록증을 챙긴다.
- 행주, 면포, 키친타월을 넉넉히 준비한다.
- 매니큐어는 지우고 손톱을 짧게 깎는다.

❷ 시험 당일 진한 화장, 악세서리, 손목시계, 신발 등을 확인한다.

❸ 본인이 지급받은 재료와 목록표의 재료를 확인하여 부족하거나 없는 재료, 상태가 좋지 않은 재료는 추가 지급 또는 재료 교체를 요구한다(단, 시험이 시작된 후에는 재지급되지 않는다).

❹ 작품은 반드시 시험장 완성 그릇에 담아 제출하여야 한다(본인이 가져간 그릇을 사용하면 부정행위로 오인할 수 있다).

❺ 시험 도중 옆 사람과 대화하거나 재료, 도구 등을 빌리면 부정행위로 인정된다.

❻ 시험이 시작되면 손을 씻고 지급된 재료를 세척한 후 작업에 들어간다.

❼ 2가지 메뉴에 알맞게 재료를 분류하여 접시에 담는다.

❽ 시험 도중 재료나 조리 도구가 낙하하지 않도록 침착하게 시험에 임한다.

❾ 손을 베이거나 다치면 숨기지 말고 본부 위원의 도움을 받아 응급 조치를 취한 후 다시 시험에 임한다.

❿ 요구사항을 꼼꼼히 읽은 후 크기, 수량(mL, 개수, 전량), 작품 형태 등에 맞도록 한다.

⓫ 작품이 덜 익거나 반대로 태우면 실격으로 채점 대상에서 제외된다.

⓬ 지급 재료 이외의 재료를 사용하면 실격으로 채점대상에서 제외된다.

⓭ 작품을 제출 후 개수대, 가스레인지 등을 깨끗이 정리하고 퇴실하여야 정리 정돈 점수에서 감점되지 않는다.

⓮ 시험이 시작되면 가스밸브가 열렸는지 확인하며 시험이 끝나면 가스밸브를 잠그고 퇴실한다.

03 실기 시험 준비물(전 시험 공통)

재료명	규격	수량	재료명	규격	수량
계량스푼		1개	앞치마	흰색(남녀공용)	1개
계량컵		1개	위생모	흰색	1개
주걱		1개	위생복	상의-흰색 / 긴소매 하의-긴바지(색상무관)	1개
냄비		1개	위생타월	키친타월, 휴지 등 유사품 포함	1장
젓가락		1개	종이컵		1매
랩, 호일		1개	칼	조리용 칼, 칼집 포함	1개
면포 / 행주		1개	숟가락	차스푼 등 유사품 포함	1개
쇠조리(혹은 체)		1개	이쑤시개	산적꼬치 등 유사품 포함	1개
도마	나무도마 또는 흰색	1개	볼(bowl)		1개
가위		1개	상비의약품		1개
국대접	기타 유사품 포함	1개	마스크		1개
국자		1개	접시	양념접시 등 유사품 포함	1개
밥공기		1개	종지		1개
비닐백	위생백, 비닐봉지 등 유사품 포함	1장	집게		1개

- ▶ 지참준비물의 수량은 최소 필요수량이므로 수험자가 필요시 추가 지참 가능합니다.
- ▶ 지참준비물은 일반적인 조리용을 의미하며, 기관명, 이름 등 표시가 없는 것이어야 합니다.
- ▶ 지참준비물 중 수험자 개인에 따라 과제를 조리하는데 불필요하다고 판단되는 조리기구는 지참하지 않아도 됩니다.
- ▶ 지참준비물 목록에는 없으나 조리에 직접 사용되지 않는 조리 주방용품(예, 수저통 등)은 지참 가능합니다.
- ▶ 수험자지참준비물 이외의 조리기구를 사용한 경우 채점대상에서 제외(실격)됩니다.
- ▶ 위생상태 세부기준은 큐넷-자료실-공개문제에 공지된 “위생상태 및 안전관리 세부기준”을 참조하시기 바랍니다.

※ 중식 · 일식 · 복어조리기능사의 공통 준비물이므로, 각 시험의 세부 준비물은 큐넷을 참고하시기 바랍니다.

04 실기 시험 채점 기준표 및 출제기준

과목	세부항목	배점
공통 채점(10점)	위생복 착용, 위생 상태	3점
	조리 과정, 기구 취급	4점
	정돈, 청소	3점
조리 기술(60점)	조리 방법, 숙련도	30점 X 2
작품 평가(30점)	맛, 색, 모양, 그릇	15점 X 2
실격	(1) 가스레인지 화구 2개 이상(2개 포함) 사용한 경우 (2) 불을 사용하여 만든 조리 작품이 작품 특성에 벗어나는 정도로 타거나 익지 않은 경우 (3) 위생복, 위생모, 앞치마, 마스크를 착용하지 않은 경우 (4) 지정된 수험자 지참 준비물 이외의 조리기구를 사용한 경우 (5) 시험 중 시설 · 장비(칼, 가스레인지 등) 사용 시 감독위원 및 타수험자의 시험 진행에 위협이 될 것으로 감독위원 전원이 합의하여 판단한 경우 (6) 시험시간 내에 과제 두 가지를 제출하지 못한 경우 (7) 문제의 요구사항대로 과제의 수량이 만들어지지 않은 경우 (8) 구이를 찜으로 조리하는 등과 같이 조리 방법을 다르게 한 경우 (9) 해당 과제의 지급재료 이외의 재료를 사용하거나 석쇠 등 요구사항의 조리 도구를 사용하지 않은 경우	

직무 분야	중직무 분야	자격종목	적용기간
음식 서비스	조리	중식조리기능사	2023.1.1. ~ 2025.12.31.

- **직무내용** 중식메뉴 계획에 따라 식재료를 선정, 구매, 검수, 보관 및 저장하며 맛과 영양을 고려하여 안전하고 위생적으로 음식을 조리하고 조리기구와 시설관리를 수행하는 직무이다.
- **수행준거**

1. 중식조리작업 수행에 필요한 위생관련지식을 이해하고 주방의 청결상태와 개인위생 · 식품위생을 관리하여 전반적인 조리작업을 위생적으로 수행할 수 있다.
2. 중식 기초 조리작업 수행에 필요한 조리 기능 익히기를 활용할 수 있다.
3. 적합한 식재료를 절이거나 무쳐서 요리에 곁들이는 음식을 조리할 수 있다.
4. 육류나 가금류·채소류를 이용하여 끓이거나 양념류와 향신료를 배합하여 조리할 수 있다.
5. 육류·갑각류·어패류·채소류·두부류 재료 특성을 이해하고 손질하여 기름에 튀겨 조리 할 수 있다.
6. 육류·생선류·채소류·두부에 각종 양념과 소스를 이용하여 조림을 할 수 있다.
7. 쌀로 지은 밥을 이용하여 각종 밥 요리를 할 수 있다.
8. 밀가루의 특성을 이해하고 반죽하여 면을 뽑아 각종 면 요리를 할 수 있다.

실기검정방법	작업형	시험시간	70분 정도

직무 분야	중직무 분야	자격종목	적용기간
음식 서비스	조리	일식조리기능사	2023.1.1. ~ 2025.12.31.

- **직무내용** 일식메뉴 계획에 따라 식재료를 선정, 구매, 검수, 보관 및 저장하며 맛과 영양을 고려하여 안전하고 위생적으로 음식을 조리하고 조리기구와 시설관리를 수행하는 직무이다.
- **수행준거**

1. 위생관련지식을 이해하고 개인위생 · 식품위생을 관리하고 전반적인 조리작업을 위생적으로 할 수 있다.
2. 일식 기초조리작업 수행에 필요한 칼 다루기, 조리 방법 등 기본적 지식을 이해하고 기능을 익혀 조리업무에 활용할 수 있다.
3. 준비된 식재료에 따라 다양한 양념을 첨가하여 용도에 맞춰 무쳐낼 수 있다.
4. 준비된 맛국물에 주재료를 사용하여 맛과 향을 중요시하게 조리할 수 있다.
5. 다양한 식재료을 이용하여 조림을 할 수 있다.
6. 면 재료를 이용하여 양념, 국물과 함께 제공하여 조리할 수 있다.
7. 식사로 사용되는 밥 짓기, 녹차 밥, 덮밥 류, 죽류를 조리할 수 있다.
8. 손질한 식재료를 혼합 초를 이용하여 초회를 조리할 수 있다.

실기검정방법	작업형	시험시간	70분 정도

직무 분야	중직무 분야	자격종목	적용기간
음식 서비스	조리	복어조리기능사	2023.1.1. ~ 2025.12.31.

- **직무내용** 복어조리메뉴 계획에 따라 식재료를 선정, 구매, 검수, 보관 및 저장하며 맛과 영양을 고려하여 안전하고 위생적으로 음식을 조리하고 조리기구와 시설관리를 수행하는 직무이다.
- **수행준거**

1. 위생관련지식을 이해하고 개인위생 · 식품위생을 관리하고 전반적인 조리작업을 위생적으로 할 수 있다
2. 복어 기초조리작업 수행에 필요한 칼 다루기, 조리 방법 등 기본적 지식을 이해하고 기능을 익혀 조리업무에 활용할 수 있다.
3. 주방에서 일어날 수 있는 사고와 재해에 대하여 안전수칙준수, 안전예방 등을 할 수 있다.
4. 복어조리 작업 수행에 필요한 재료를 저장, 재고관리 등 재료를 효율적으로 관리할 수 있다.
5. 다양한 채소류, 복떡과 곁들임 재료를 손질 할 수 있다.
6. 초간장, 양념, 조리별 양념장을 용도에 맞게 만들 수 있다.
7. 채 썬 껍질을 초간장에 무쳐낼 수 있다.
8. 준비된 맛국물에 주재료를 사용하여 맛과 향을 중요시하게 조리할 수 있다.
9. 복어살을 전처리하여 얇게 포를 떠서 국화 모양으로 그릇에 담을 수 있다.

실기검정방법	작업형	시험시간	60분 정도

05 위생상태 및 안전관리 세부기준 안내

순번	구분	세부 기준
1	위생복 상의	• 전체 흰색, 손목까지 오는 긴소매 – 조리과정에서 발생 가능한 안전사고(화상 등) 예방 및 식품위생(체모 유입방지, 오염도 확인 등) 관리를 위한 기준 적용 – 조리과정에서 편의를 위해 소매를 접어 작업하는 것은 허용 – 부직포, 비닐 등 화재에 취약한 재질이 아닐 것, 팔토시는 긴팔로 불인정 • 상의 여밈은 위생복에 부착된 것이어야 하며 벨크로(일명 찍찍이), 단추 등의 크기, 색상, 모양, 재질은 제한하지 않음(단, 핀 등 별도 부착한 금속성은 제외)
2	위생복 하의	• 색상 · 재질 무관, 안전과 작업에 방해가 되지 않는 발목까지 오는 긴바지 – 조리기구 낙하, 화상 등 안전사고 예방을 위한 기준 적용
3	위생모	• 전체 흰색, 빈틈이 없고 바느질 마감 처리가 되어 있는 일반 조리장에서 통용되는 위생모[모자의 크기, 길이, 모양, 재질(면 · 부직포 등)은 무관]
4	앞치마	• 전체 흰색, 무릎 아래까지 덮이는 길이 – 상하 일체형(목끈형) 가능, 부직포 · 비닐 등 화재에 취약한 재질이 아닐 것
5	마스크	• 침액을 통한 위생상의 위해 방지용으로 종류는 제한하지 않음(단, 감염병 예방법에 따라 마스크 착용 의무화 기간에는 '투명 위생 플라스틱 입가리개'는 마스크 착용으로 인정하지 않음)
6	위생화(작업화)	• 색상 무관, 굽이 높지 않고 발가락 · 발등 · 발뒤꿈치가 덮여 안전 사고를 예방할 수 있는 깨끗한 운동화 형태
7	장신구	• 일체의 개인용 장신구 착용 금지(단, 위생모 고정을 위한 머리핀 허용)
8	두발	• 단정하고 청결할 것, 머리카락이 길 경우 흘러내리지 않도록 머리망을 착용하거나 묶을 것
9	손/손톱	• 손에 상처가 없어야 하나, 상처가 있을 경우 보이지 않도록 할 것(시험위원 확인 하에 추가 조치 가능) • 손톱은 길지 않고 청결하며 매니큐어, 인조손톱 등을 부착하지 않을 것
10	폐식용유 처리	• 사용한 폐식용유는 시험위원이 지시하는 적재장소에 처리할 것
11	교차오염	• 교차오염 방지를 위한 칼, 도마 등 조리기구 구분 사용은 세척으로 대신하여 예방할 것 • 조리기구에 이물질(예, 테이프)을 부착하지 않을 것
12	위생관리	• 재료, 조리기구 등 조리에 사용되는 모든 것은 위생적으로 처리하여야 하며, 조리용으로 적합한 것일 것
13	안전사고 발생 처리	• 칼 사용(손 빔) 등으로 안전사고 발생 시 응급조치를 하여야 하며, 응급조치에도 지혈이 되지 않을 경우 시험진행 불가
14	눈금표시 조리도구	• 눈금표시된 조리기구 사용 허용 (실격 처리되지 않음, 2022년부터 적용) (단, 눈금표시에 재어가며 재료를 써는 조리작업은 조리기술 및 숙련도 평가에 반영)

15	부정 방지	• 위생복, 조리기구 등 시험장 내 모든 개인물품에는 수험자의 소속 및 성명 등의 표식이 없을 것 (위생복의 개인 표식 제거는 테이프로 부착 가능)
16	테이프 사용	• 위생복 상의, 앞치마, 위생모의 소속 및 성명을 가리는 용도로만 허용

※ 위 내용은 안전관리인증기준(HACCP) 평가(심사) 매뉴얼, 위생등급 가이드라인 평가 기준 및 시행상의 운영사항을 참고하여 작성된 기준입니다.

06 위생상태 및 안전관리에 대한 채점기준 안내

위생 및 안전상태	채점 기준
1. 위생복(상/하의), 위생모, 앞치마, 마스크 중 한 가지라도 미착용한 경우 2. 평상복(흰티셔츠, 와이셔츠), 패션모자(흰털모자, 비니, 야구모자) 등 기준을 벗어난 위생복장을 착용한 경우	실격 (채점대상 제외)
3. 위생복(상/하의), 위생모, 앞치마, 마스크를 착용하였더라도 • 무늬가 있거나 유색의 위생복 상의 · 위생모 · 앞치마를 착용한 경우 • 흰색의 위생복 상의 · 앞치마를 착용하였더라도 부직포, 비닐 등 화재에 취약한 재질의 복장을 착용한 경우 • 팔꿈치가 덮이지 않는 짧은 팔의 위생복을 착용한 경우 • 위생복 하의의 색상, 재질은 무관하나 짧은 바지, 통이 넓은 힙합스타일 바지, 타이츠, 치마 등 안전과 작업에 방해가 되는 복장을 착용한 경우 • 위생모가 뚫려있어 머리카락이 보이거나, 수건 등으로 감싸 바느질 마감 처리가 되어있지 않고 풀어지기 쉬워 일반 조리장용으로 부적합한 경우 4. 이물질(예, 테이프) 부착 등 식품위생에 위배되는 조리기구를 사용한 경우	'위생상태 및 안전관리' 점수 전체 0점
5. 위생복(상/하의), 위생모, 앞치마, 마스크를 착용하였더라도 • 위생복 상의가 팔꿈치를 덮기는 하나 손목까지 오는 긴소매가 아닌 위생복(팔토시 착용은 긴소매로 불인정), 실험복 형태의 긴 가운, 핀 등 금속을 별도 부착한 위생복을 착용하여 세부기준을 준수하지 않았을 경우 • 테두리선, 칼라, 위생모 짧은 창 등 일부 유색의 위생복 상의 · 위생모 · 앞치마를 착용한 경우(테이프 부착 불인정) • 위생복 하의가 발목까지 오지 않는 8부바지 • 위생복(상/하의), 위생모, 앞치마, 마스크에 수험자의 소속 및 성명을 테이프 등으로 가리지 않았을 경우 6. 위생화(작업화), 장신구, 두발, 손/손톱, 폐식용유 처리, 안전사고 발생 처리 등 '위생상태 및 안전관리 세부기준'을 준수하지 않았을 경우 7. '위생상태 및 안전관리 세부기준' 이외에 위생과 안전을 저해하는 기타사항이 있을 경우	'위생상태 및 안전관리' 점수 일부 감점

※ 위 기준에 표시되어 있지 않으나 일반적인 개인위생, 식품위생, 주방위생, 안전관리를 준수하지 않을 경우 감점 처리될 수 있습니다.

※ 수도자의 경우 제복 + 위생복 상의/하의, 위생모, 앞치마, 마스크 착용 허용

07 공개문제 예시

국가기술자격 실기시험문제 ①

자격종목	중식조리기능사	과 제 명	오징어냉채

※ 문제지는 시험종류 후 반드시 반납하시기 바랍니다.

비번호		시험일시		시험장명	

※ 시험시간 : 20분

1. 요구사항

※ 주어진 재료를 사용하여 오징어냉채를 만드시오.

가. 오징어 몸살은 종횡으로 칼집을 내어 3~4cm로 썰어 데쳐서 사용하시오.

나. 오이는 얇게 3cm 편으로 썰어 사용하시오.

다. 겨자를 숙성시킨 후 소스를 만드시오.

2. 수험자 유의사항

1) 만드는 순서에 유의하며, 위생과 숙련된 기능평가를 위하여 조리작업 시 맛을 보지 않습니다.
2) 지정된 수험자지참준비물 이외의 조리기구나 재료를 시험장내에 지참할 수 없습니다.
3) 지급재료는 시험 전 확인하여 이상이 있을 경우 시험위원으로부터 조치를 받고 시험 중에는 재료의 교환 및 추가지급은 하지 않습니다.
4) 요구사항 및 지급재료의 규격은 "정도"의 의미를 포함하며, 재료의 크기에 따라 가감하여 채점됩니다.
5) 위생복, 위생모, 앞치마, 마스크를 착용하여야 하며, 시험장비·조리기구 취급 등 안전에 유의합니다.
6) 다음 사항은 실격에 해당하여 **채점 대상에서 제외**됩니다.
   가) 수험자 본인이 시험 도중 시험에 대한 포기 의사를 표현하는 경우
   나) 위생복, 위생모, 앞치마, 마스크를 착용하지 않은 경우
   다) 시험시간 내에 과제 두 가지를 제출하지 못한 경우
   라) 문제의 요구사항대로 과제의 수량이 만들어지지 않은 경우
   마) 완성품을 요구사항의 과제(요리)가 아닌 다른 요리(예, 달걀말이→달걀찜)로 만든 경우
   바) 불을 사용하여 만든 조리작품이 작품특성에 벗어나는 정도로 타거나 익지 않은 경우
   사) 해당과제의 지급재료 이외 재료를 사용하거나, 요구사항의 조리기구(석쇠 등)로 완성품을 조리하지 않은 경우
   아) 지정된 수험자지참준비물 이외의 조리기술에 영향을 줄 수 있는 기구를 사용한 경우
   자) 가스레인지 화구 2개 이상(2개 포함) 사용한 경우
   차) 시험 중 시설·장비(칼, 가스레인지 등) 사용 시 시험위원 및 타수험자의 시험 진행에 위해를 일으킬 것으로 시험위원 전원이 합의하여 판단한 경우
   카) 요구사항에 표시된 실격 및 부정행위에 해당하는 경우
7) 항목별 배점은 위생상태 및 안전관리 5점, 조리기술 30점, 작품의 평가 15점입니다.
8) 시험시작 전 가벼운 몸 풀기(스트레칭) 동작으로 긴장을 풀고 시험을 시작합니다.

①

3. 지급재료목록			자격종목 (과제명)	중식조리기능사 (오징어냉채)	

일련 번호	재료명	규격	단위	수량	비고
1	갑오징어살		g	100	오징어 대체 가능
2	오이	가늘고 곧은 것, 길이 20cm	개	1/3	
3	식초		mL	30	
4	흰설탕		g	15	
5	소금		g	2	
6	참기름		mL	5	
7	겨자		g	20	

※ 국가기술자격 실기시험 지급재료는 시험종료 후(기권, 결시자 포함) 수험자에게 지급하지 않습니다.
※ 재료의 수급 상황에 따라 일부 지급재료가 변경될 수 있습니다.

시험 기본

중식 기본

01 튀김 반죽하기

- 탕수육은 반드시 요구사항대로 앙금녹말을 이용하고, 다른 메뉴는 요구사항과 지급재료에 따라 4가지 반죽 중에 선택하도록 한다. 시험에서는 요구사항에 따른다면 조리법이 조금 달라도 괜찮다.
- 중식에서 녹말가루를 사용해야 할 때에는 감자전분을 사용하면 된다.

1) 앙금녹말

요구사항에 앙금녹말을 사용하라고 되어 있는 탕수육의 경우, 시험 시작과 동시에 녹말가루와 물을 동량으로 섞어 미리 불려 놓는다. 30분 이상 지나면 물이 위에 뜨고 앙금이 가라앉는데, 이 앙금으로 튀김을 하면 된다. 농도가 묽다면 남겨 놓은 녹말가루를 더 추가하여 농도를 맞추고, 농도가 되직하면 물이나 달걀을 넣어 부드럽게 한다.

2) 녹말가루 + 물

달걀이 지급재료에 없는 경우, 녹말가루에 물을 섞어 튀김 반죽을 만든다. 녹말가루 1/2컵(100ml)에 물 1/4컵(50ml) 정도가 들어간다. 재료의 수분에 따라 조금씩 달라질 수 있다.

3) 녹말가루 + 달걀흰자

달걀의 흰자만 사용하는 튀김법이다. 흰자를 젓가락으로 저어 거품을 내고, 전분가루를 섞어 튀기면 바삭한 튀김이 만들어진다. 흰자의 기포가 튀겼을 때 바삭한 역할을 한다.

4) 녹말가루 + 달걀노른자, 흰자

달걀의 노른자와 흰자를 모두 섞어 튀기는 방법이다. 노른자가 들어가서 부드럽고, 색이 노릇한 튀김이 만들어진다.

02 닭 포 뜨기

깐풍기와 라조기에서 닭다리가 지급된다고 하지만, 반 마리를 주는 경우도 있기 때문에 닭다리와 가슴살 부위의 포를 뜨는 방법을 모두 알고 있어야 한다.

1) 닭다리 부위

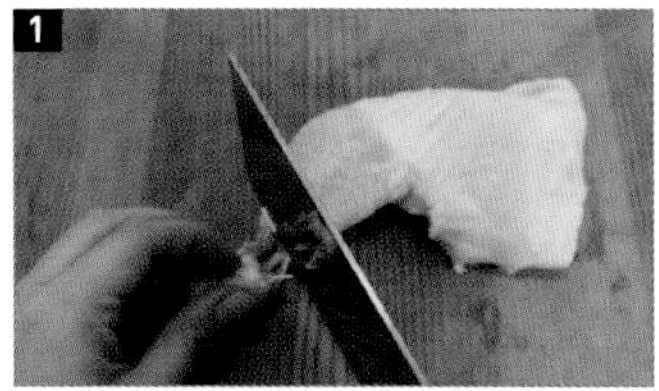

닭다리는 발목 부분에 칼집을 넣어 돌린다. 이때 힘줄을 모두 끊어야 살이 잘 분리된다.

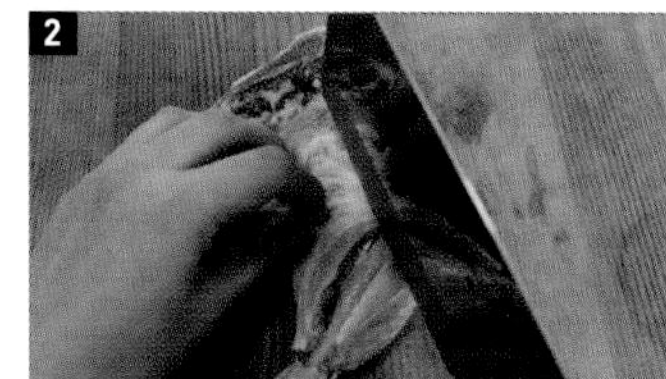

닭 뼈에 칼집을 넣는다.

칼등이나 칼날로 살을 밀어 뼈에서 살을 발라낸다.

첫 번째 뼈(종아리)에서 살을 다 밀면 관절 부분이 나온다. 여기는 칼날로 긁어서 분리한다. 두 번째 뼈(허벅지)도 칼등으로 밀어준다.

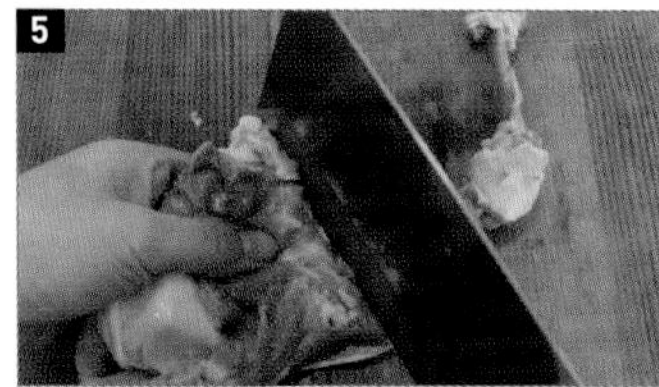

나머지 뼈에 붙어있는 살도 칼을 뼈 쪽에 붙여서 살이 많이 부서지지 않도록 발라낸다.

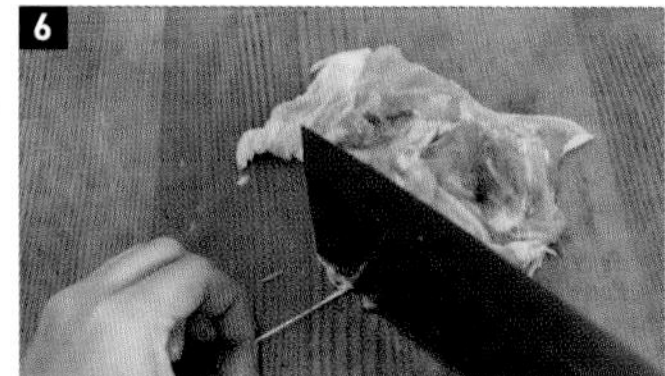

닭다리에 있는 질긴 힘줄을 소금으로 잡거나 도마에 붙여놓고 칼등으로 밀어서 제거한다.

2) 닭가슴살 부위

닭 날개를 먼저 제거한다.

가슴살 쪽부터 뜨는데 뼈가 있는 경우에는 칼을 ㄴ(니은) 방향으로 세웠다가 옆으로 눕혀서 뜨기 시작한다.

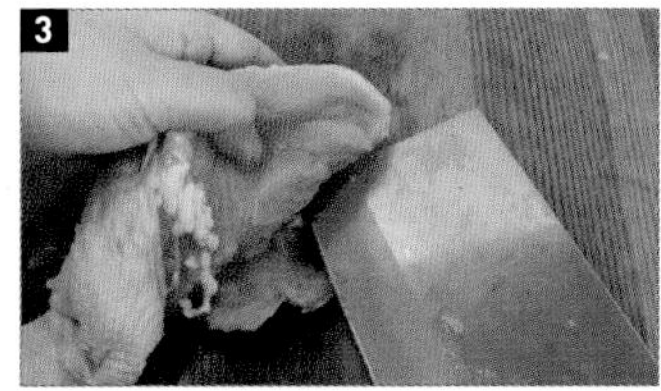

가슴살을 살짝 움켜잡고, 뼈가 도마에 닿게 한다. 칼을 뼈 쪽에 바짝 붙여서 앞날로 긁어주면서 포를 뜬다.

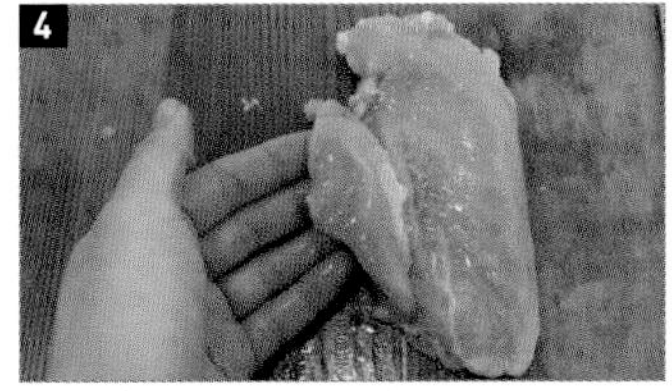

가슴살 앞쪽에 있는 안심살의 힘줄을 제거하고 사용한다.

일식 기본

01 도미 손질하기

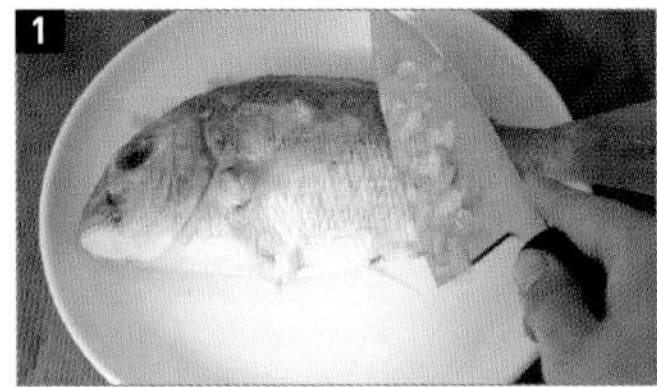

도미는 비늘을 꼬리에서 머리 방향으로 긁어서 제거한다.

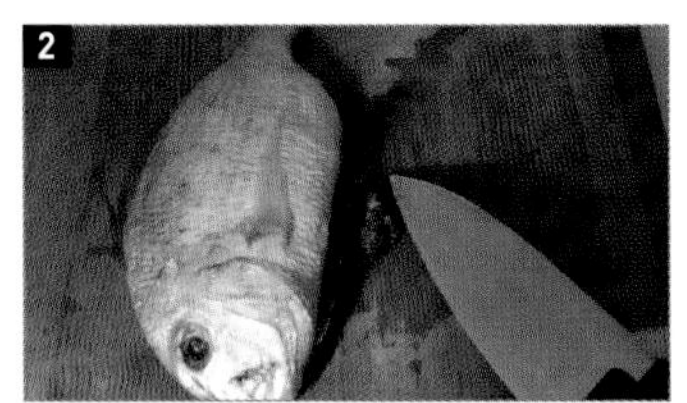

배와 아가미 쪽에 칼집을 넣어 내장을 제거한다. 지느러미는 지저분한 부분을 정리하여 깔끔하게 만든다.

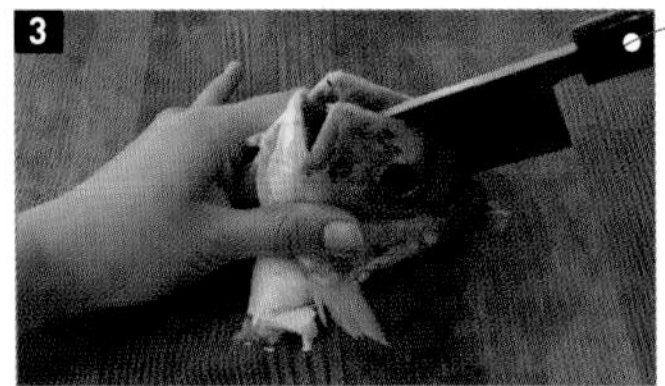

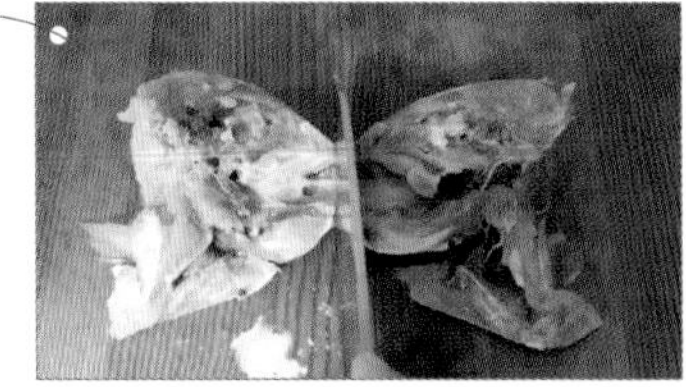

도미 머리는 반을 갈라 머리에 있는 내장을 정리하고, 소금을 뿌린다. 칼을 입으로 넣고, 윗이빨 쪽으로 먼저 힘 있게 자른 후, 턱 쪽을 자른다.

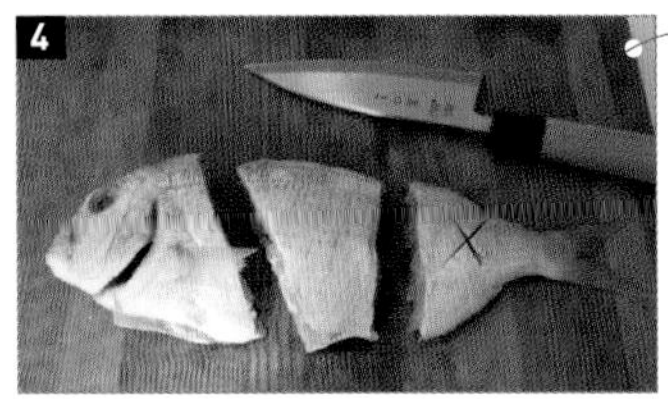

머리, 몸통, 꼬리로 3등분하여 5~6cm 크기로 자르고, 몸통은 세장뜨기를 한다. 세장뜨기한 몸통살과 꼬리에 X로 칼집을 넣고 머리, 몸통, 꼬리에 소금을 뿌린다(세장뜨기는 메뉴에 따라 요구사항에 따라 다르게 할 수 있다).

소금에 절여진 도미는 끓는 물에 살짝 데치고 찬물에 헹궈서 불순물을 제거한다.

02 채소 손질하기

1) 당근 매화 만들기

당근을 오각형으로 만든다.

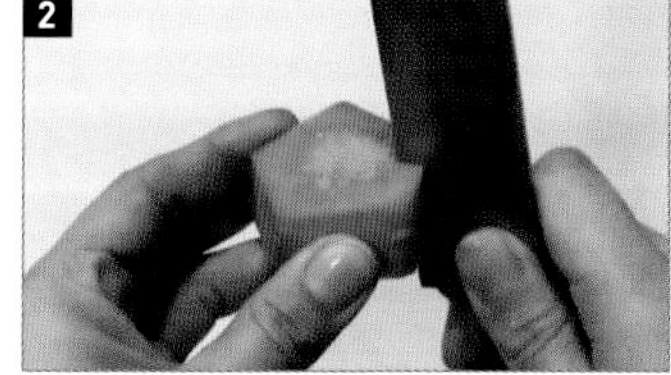

면에 0.5cm 정도 칼집을 넣는다.

꼭짓점에서 칼집 넣은 방향으로 둥글게 깎아낸다.

둥글려서 꽃모양을 만든다.

오목하게 들어간 부분에 칼을 사선으로 넣는다.

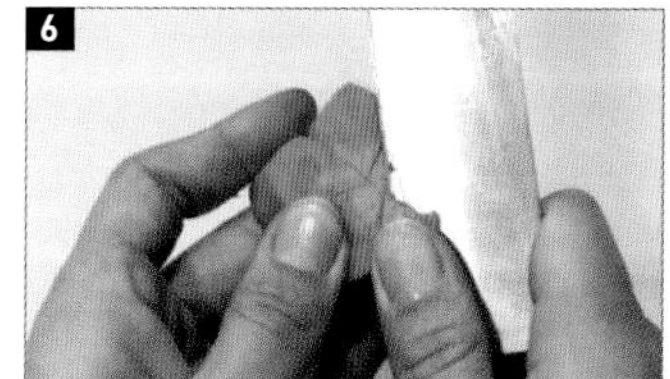

입체적인 모양이 나오도록 깎아낸다.

5군데를 모두 깎아 꽃 모양이 나오게 한다.

합격 강의

2) 무 은행잎 만들기

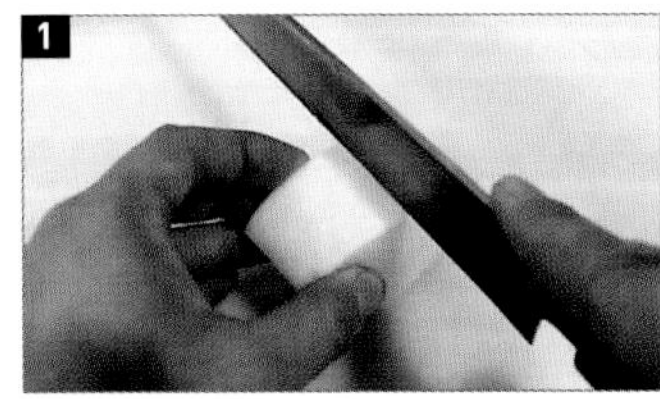

1 무의 동그란 부분에 0.5~1cm 정도의 칼집을 넣는다.

2 칼집을 중심으로 사선으로 칼집을 넣어 삼각형으로 잘라낸다.

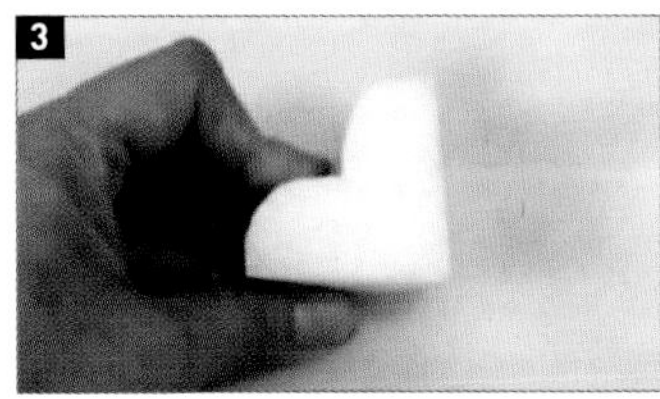

3 둥글게 깎아서 모양을 만든다.

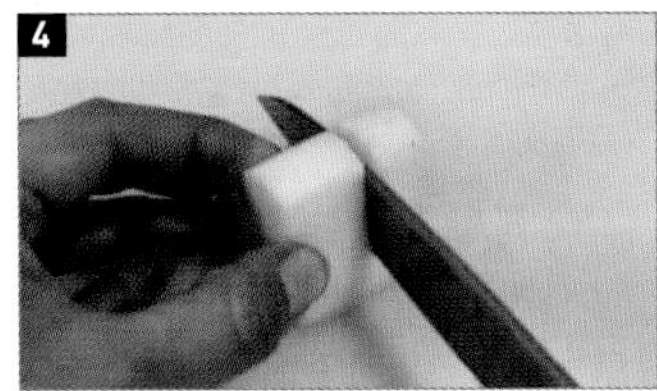

4 1cm 간격으로 자른다.

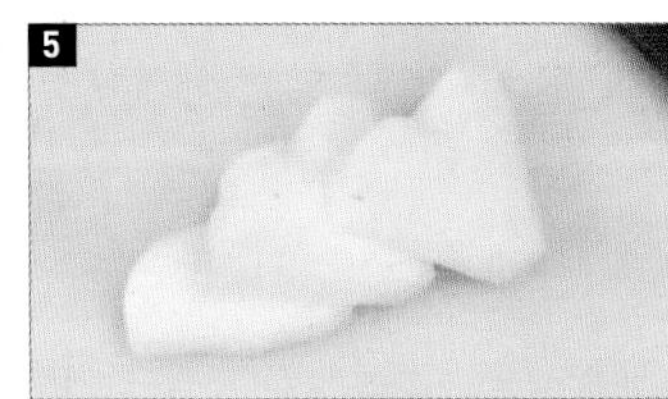

5 3~5개 정도의 은행잎을 만든다.

03 일식 조리기능사에서 항상 미리 준비할 사항

① 재료는 항상 씻어서 물기를 제거한 후 사용하기
② 쑥갓, 시소(깻잎), 파슬리는 물에 담가 두기
③ 갈변되는 채소는 껍질을 벗겨서 찬물이나 식초물에 담가 두기
④ 생선은 씻어서 접시 위에 올려 두기
⑤ 조개류는 소금물에 담가 두기
⑥ 생선, 조개 등을 많이 다루므로 면포와 행주를 여유 있게 가져가고 위생에 신경 쓰기

01 복어 부위 감별

국가기술자격 실기시험 답안지

자격종목 (1과제)	복어조리기능사 (복어부위감별)	비번호		감독위원 서 명	(인)

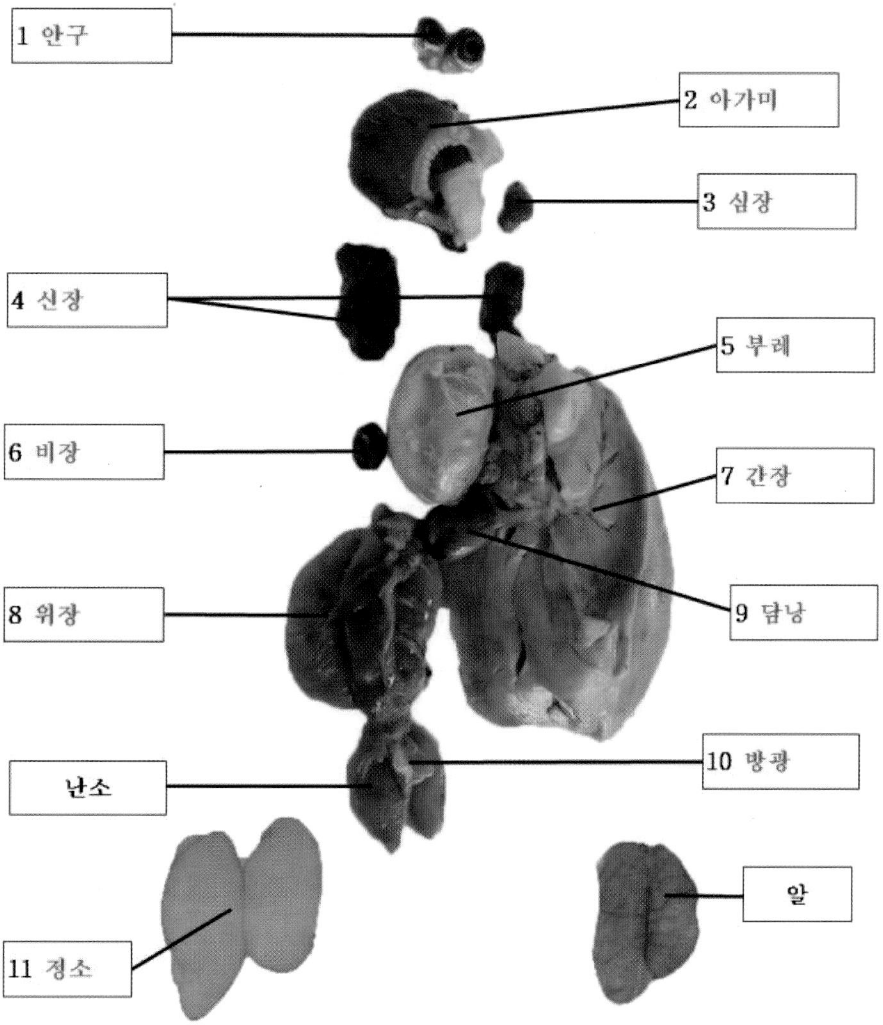

1 안구

2 아가미

3 심장

4 신장

5 부레

6 비장

7 간장

8 위장

9 담낭

난소

10 방광

11 정소

알

자격증은 이기적!

합격입니다.

중식조리기능사
실기 공개문제

중식메뉴 계획에 따라 식재료를 선정, 구매, 검수, 보관 및 저장하며 맛과 영양을 고려하여 안전하고 위생적으로 음식을 조리하고 조리관리를 수행하는 직무이다.

탕수육

합격 강의

반복학습 1 2 3

조리법 튀김 조리　시험시간 30분

준비할 재료

돼지등심(살코기) 200g, 진간장 15mL, 달걀 1개, 녹말가루 100g, 식용유 800mL, 식초 50mL, 흰설탕 100g, 대파 6cm, 당근 30g, 완두콩(통조림) 15g, 오이 1/4개(원형으로 지급), 건목이버섯 1개, 양파 1/4개, 청주 15mL

돼지고기 밑간

간장 1큰술, 청주 1큰술

소스

설탕 4큰술, 식초 4큰술, 간장 1큰술, 물 1컵

요구사항

주어진 재료를 사용하여 탕수육을 만드시오.

1. 돼지고기는 길이 4cm, 두께 1cm의 긴 사각형 크기로 써시오.
2. 채소는 편으로 써시오.
3. 앙금녹말을 만들어 사용하시오.
4. 소스는 달콤하고 새콤한 맛이 나도록 만들어 돼지고기에 버무려 내시오.

이렇게 썰기

돼지고기

0 1 2 3 4 5 6 7

만드는 방법

1 녹말가루 1/2컵과 물 1/2컵을 섞어 앙금녹말이 가라앉도록 미리 만들어 놓는다.

2 당근, 대파, 오이, 양파는 돼지고기처럼 편으로 썰고, 목이는 물에 불려서 손으로 찢는다.

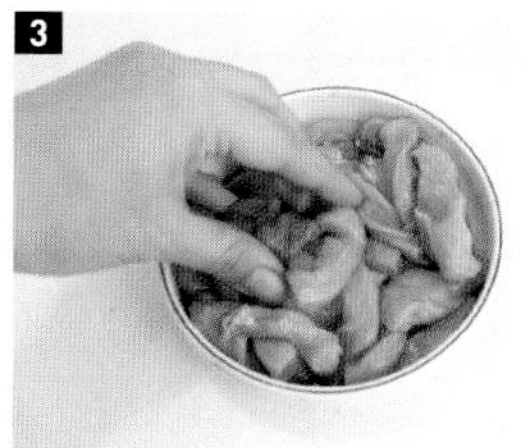

3 돼지고기는 4cm×1cm로 썰어서 간장, 청주를 1큰술씩 넣어 밑간을 한다.

4 1에서 위에 뜬 물은 따라내버리고 가라앉은 앙금녹말을 사용한다. 앙금녹말에 달걀을 조금씩 섞으면서 반죽 농도를 맞춘다.

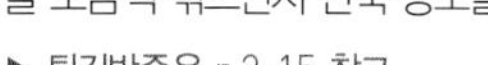

▶ 튀김반죽은 p.2-15 참고

5 1차 튀김은 150~160℃에서 3분간 튀긴다. 2차 튀김은 160~170℃에서 바삭하게 30초간 튀긴다.

6 설탕 4큰술, 식초 4큰술, 간장 1큰술, 물 1컵을 섞어 소스를 만들어 놓는다. 물과 녹말가루를 1큰술씩 섞어 물녹말을 만들어 놓는다.

7 기름을 두르고 대파, 당근, 목이, 양파 순서로 볶다가 만들어 놓은 소스를 넣고 끓인다. 물이 끓으면 물녹말(물 1큰술, 녹말가루 1큰술)로 농도를 맞추고 오이, 완두콩, 튀긴 돼지고기를 넣어 버무린다.

기적의 TIP

- 앙금녹말은 30분 이상 지나야 앙금이 가라앉기 때문에 시작하자마자 만들어야 한다. 앙금이 가라앉으면 물을 따라버리고 앙금을 이용해 튀김을 한다. 가라앉히는 시간에 따라 섞어야 하는 달걀의 양이 달라지므로 조금씩 넣어보면서 농도를 조절한다.
- 완두콩이나 오이는 가장 마지막에 넣어 색이 갈변되지 않도록 한다. 완두콩은 데쳐서 사용하기도 하고, 데치는 과정을 생략하기도 한다.
- 중식 조리기능사는 재료의 사이즈가 요구사항에 자세히 제시되지 않는다. 이런 경우에는 주재료의 크기와 비슷하게 썰도록 한다.

깐풍기

합격 강의

반복학습 1 2 3

조리법 튀김 조리 시험시간 30분

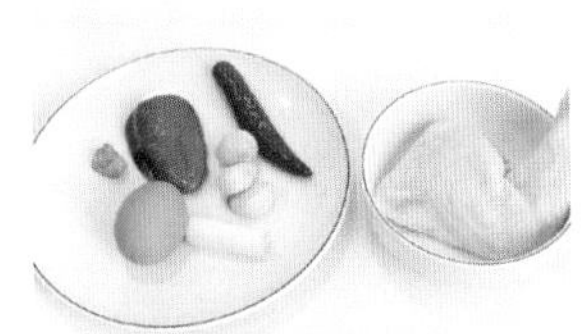

준비할 재료

닭다리(한 마리 1.2kg) 1개, 진간장 15mL, 검은 후춧가루 1g, 청주 15mL, 달걀 1개, 흰설탕 15g, 녹말가루 100g, 식초 15mL, 마늘 3쪽, 대파(6cm 정도) 2토막, 청피망 1/4개, 홍고추 1/2개, 생강 5g, 참기름 5mL, 식용유 800mL, 소금 10g

닭 밑간

청주 1큰술, 간장 1큰술

튀김반죽

녹말가루 1/2컵, 달걀 1/2개(3~4큰술 분량)

깐풍기 소스

물 3큰술, 간장 1큰술, 설탕 1큰술, 식초 1큰술, 후춧가루

요구사항

주어진 재료를 사용하여 깐풍기를 만드시오.

1. 닭은 뼈를 발라낸 후 사방 3cm 사각형으로 써시오.
2. 닭을 튀기기 전에 튀김옷을 입히시오.
3. 채소는 0.5×0.5cm로 써시오.

이렇게 썰기

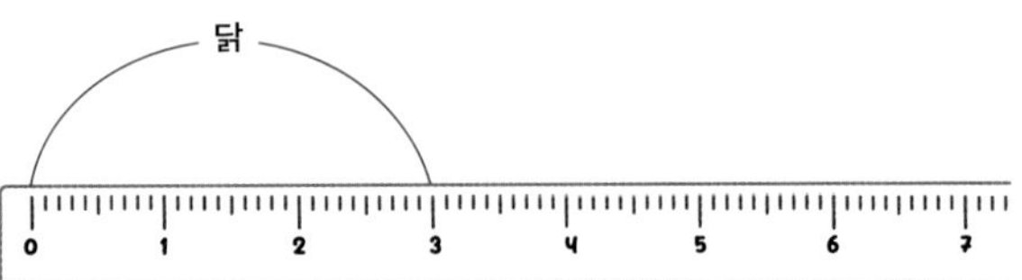

만드는 방법

1

닭은 핏물과 기름기를 제거하고 포를 떠서 살을 발라낸다. 힘줄을 제거한다.

▶ 닭 손질법은 p.2-16 참고

2

손질한 닭은 사방 3cm 사각형으로 썰어서 청주, 간장 1큰술로 밑간을 한다.

3

대파, 마늘, 생강, 홍고추, 청피망은 0.5cm로 굵게 다진다.

4

달걀과 녹말가루를 섞어 튀김반죽을 만들고 닭과 섞는다. 160~170℃로 예열된 기름에 튀긴다.

▶ 튀김반죽은 p.2-15 참고

5

팬에 기름을 두르고 대파, 마늘, 생강, 홍고추를 볶고 간장, 청주를 1작은술씩 넣어 맛을 낸다. 그리고 깐풍기 소스를 넣어 끓인 후 걸쭉해지면 튀긴 닭, 피망, 참기름을 넣는다.

기적의 TIP

- 깐풍기는 국물이 없이 마르게 조리한 음식이라는 뜻이다. 물녹말을 넣지 않고 소스를 조려서 닭을 넣고 볶아야 한다.
- 닭의 크기와 양에 따라 소스의 비율을 조절하도록 한다.

탕수생선살

반복학습 1 2 3

조리법 튀김 조리 시험시간 30분

준비할 재료

흰생선살(껍질 벗긴 것, 동태 또는 대구) 150g, 당근 30g, 오이 1/6개, 완두콩 20g, 파인애플(통조림) 1쪽, 건목이버섯 1개, 녹말가루 100g, 식용유 600mL, 식초 60mL, 흰설탕 100g, 진간장 30mL, 달걀 1개

튀김반죽

녹말가루 1/2컵, 달걀 1/2개(3~4큰술 분량)

소스

설탕 4큰술, 식초 4큰술, 간장 1큰술, 물 1컵

요구사항

주어진 재료를 사용하여 다음과 같이 탕수생선살을 만드시오.

1. 생선살은 1cm×4cm 크기로 썰어 사용하시오.
2. 채소는 편으로 썰어 사용하시오.
3. 소스는 달콤하고 새콤한 맛이 나도록 만들어 튀긴 생선에 버무려 내시오.

이렇게 썰기

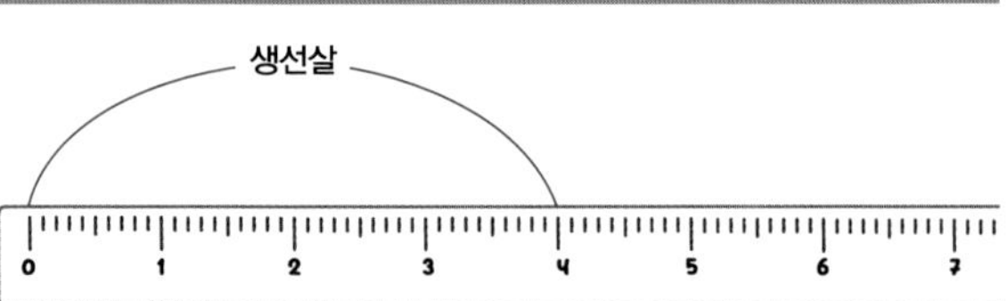

만드는 방법

1

당근과 오이는 생선살 크기 정도로 편을 썬다. 완두콩은 끓는 물에 살짝 데친다.

2

목이는 불려서 손으로 찢고, 파인애플은 1cm 너비로 4~6등분한다.

3

생선살은 수분을 제거하고 1cm×4cm 크기로 썬다.

4

달걀과 녹말가루를 섞어 튀김반죽을 만든다. 생선살과 가볍게 섞어 생선살이 부서지지 않게 한다.

▶ 튀김반죽은 p.2-15 참고

5

1차 튀김은 150~160℃에서 2분간 튀긴다. 2차 튀김은 160~170℃에서 바삭하게 30초간 튀긴다.

6

설탕 4큰술, 식초 4큰술, 간장 1큰술, 물 1컵을 섞어 소스를 만들어 놓는다. 물과 녹말가루를 1큰술씩 섞어 물녹말을 만들어 넣는다.

7

기름을 두르고 당근, 목이 순서로 볶다가 만들어 놓은 소스를 넣고 끓인다. 물이 끓으면 물녹말(물 1큰술, 녹말가루 1큰술)로 농도를 맞추고 파인애플, 오이, 완두콩, 튀긴 생선살을 넣어 버무린다.

기적의 TIP

- 생선살은 수분이 많고 부서질 수 있으므로 주의한다.
- 수분이 많은 재료는 두 번 튀기면 바삭해진다. 시간이 없다면 한 번만 제대로 튀겨내도 좋다.

난자완스

합격 강의

반복학습 1 2 3

조리법 조림 조리 시험시간 25분

준비할 재료

돼지등심(다진 살코기) 200g, 마늘 2쪽, 대파 6cm, 소금 3g, 달걀 1개, 녹말가루 50g, 죽순 50g, 건표고버섯 불린 것 2개, 생강 5g, 검은 후춧가루 1g, 청경채 1포기, 진간장 15mL, 청주 20mL, 참기름 5mL, 식용유 800mL

완자

간장, 청주 1작은술씩, 소금, 후추 조금씩 양념 후 달걀 2큰술, 녹말가루 1큰술 넣어 섞기

요구사항

주어진 재료를 사용하여 다음과 같이 난자완스를 만드시오.

1. 완자는 지름 4cm로 둥글고 납작하게 만드시오.
2. 완자는 손이나 수저로 하나씩 떼어 팬에서 모양을 만드시오.
3. 채소는 4cm 크기의 편으로 써시오(단, 대파는 3cm 크기).
4. 완자는 갈색이 나도록 하시오.

이렇게 썰기

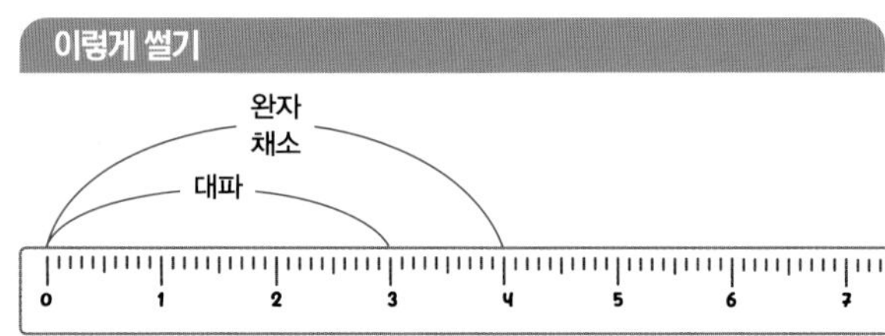

만드는 방법

1 대파는 3cm로 편을 썰고, 마늘, 생강도 편을 썰어 준비한다.

2 죽순은 석회질을 제거하고 끓는 물에 데친다. 표고버섯, 죽순, 청경채는 4cm로 편을 썬다.

3 돼지고기는 간장, 청주 1작은술씩, 소금, 후추로 조금씩 밑간을 하고, 달걀과 녹말가루 2큰술 정도씩을 넣고 젓가락으로 한 방향으로 저어 치댄다.

4 팬에 기름을 넉넉히 두르고, 완자의 지름이 4cm가 되도록 모양을 만들어 노릇하게 지진다.

5 녹말가루 1큰술, 물 1큰술을 넣어 물녹말을 만든다.

6 팬에 기름을 두르고 대파, 마늘, 생강을 볶은 후, 간장, 청주 1큰술씩을 넣어서 향을 낸다. 표고버섯과 죽순을 살짝 볶고 물 1컵을 넣어 끓인다. 물녹말을 넣어 농도를 맞추고 완자, 청경채, 후춧가루, 참기름을 넣어 마무리한다.

기적의 TIP

- 채소는 요구사항대로 4cm 길이로 하고, 너비는 완자보다는 조금 더 작게 2~3cm로 한다.
- 돼지고기에 달걀과 녹말가루를 넣을 때 농도를 보면서 조금씩 조절한다.
- 완자의 모양을 만들 때에는 손에 기름을 바르고 고기를 한손에 쥐고 엄지와 검지 사이로 조금씩 짜면서 수저를 이용하는 방법과 동그랗게 완자를 빚는 방법이 있다.

홍쇼두부

합격 강의

반복학습 1 2 3

조리법 조림 조리 시험시간 30분

준비할 재료

두부 150g, 돼지등심(살코기) 50g, 건표고버섯 불린 것 1개, 죽순 30g, 마늘 2쪽, 생강 5g, 진간장 15mL, 청주 5mL, 참기름 5mL, 식용유 500mL, 청경채 1포기, 대파 6cm, 홍고추(생) 1개, 양송이(통조림) 1개, 달걀 1개

돼지고기 밑간

간장 1작은술, 청주 1작은술

요구사항

주어진 재료를 사용하여 홍쇼두부를 만드시오.

1. 두부는 가로와 세로 5cm, 두께 1cm의 삼각형 크기로 써시오.
2. 채소는 편으로 써시오.
3. 두부는 으깨어지거나 붙지 않게 하고 갈색이 나도록 하시오.

만드는 방법

1 두부는 가로와 세로 5cm, 두께 1cm의 삼각형 크기로 썰어서 넉넉한 기름을 넣고 구워주듯 튀긴다.

2 돼지고기는 편을 썰어서 간장, 청주 1작은술로 밑간을 한다. 그리고 흰자 1큰술, 녹말가루 1큰술 정도 넣어 넉넉한 기름에 데친다.

3 대파, 마늘, 생강은 편을 썬다.

4 죽순은 석회질을 제거하고, 죽순과 양송이는 끓는 물에 데친다. 죽순, 양송이, 표고, 청경채, 홍고추는 4cm 정도로 편을 썬다.

5 녹말가루와 물을 1큰술씩 섞어 물녹말을 만든다.

6 팬에 기름을 두르고 대파, 마늘, 생강을 먼저 볶아 향을 내고 간장, 청주 1큰술씩 넣어 살짝 볶는다. 여기에 표고, 홍고추, 죽순, 양송이, 돼지고기를 넣어 볶고 물 1컵 정도 넣어 끓인다. 물이 끓으면 물녹말을 넣어 농도를 맞추고 청경채, 두부, 참기름을 넣은 후 마무리하여 담는다.

기적의 TIP

- 양송이나 죽순이 캔 제품으로 나올 경우 끓는 물에 살짝 데쳐 사용하면 잡냄새를 없앨 수 있다.
- 녹색 재료나 두부처럼 깨지는 재료는 나중에 넣는 것이 재료의 색과 모양을 보존할 수 있다.

새우볶음밥

반복학습 1 2 3 조리법 밥류 조리 시험시간 30분

준비할 재료

쌀(30분 정도 물에 불린 쌀) 150g, 작은 새우살 30g, 달걀 1개, 대파 6cm, 당근 20g, 청피망 1/3개, 식용유 50mL, 소금 5g, 흰 후춧가루 5g

요구사항

주어진 재료를 사용하여 다음과 같이 새우볶음밥을 만드시오.

1. 새우는 내장을 제거하고 데쳐서 사용하시오.
2. 채소는 0.5cm 크기의 주사위 모양으로 써시오.
3. 부드럽게 볶은 달걀에 밥, 채소, 새우를 넣어 질지 않게 볶아 전량 제출하시오.

만드는 방법

새우는 내장을 제거하고 끓는 물에 데친다.

쌀은 물기를 빼고 계량컵으로 계량을 해서 물과 같은 양으로 냄비에 넣고 밥을 짓는다. 물이 끓으면 불을 약하게 줄여서 8분 익히고, 불을 끄고 10분간 뜸을 들인 후, 접시에 펼쳐서 식혀 둔다.

당근, 대파, 청피망은 0.5cm의 주사위 모양으로 자른다.

달걀은 소금을 조금 넣고 잘 풀어 놓는다. 팬에 기름을 두르고 달걀을 넣어 조금 익으면 바로 저어서 스크램블을 만든다.

볶은 달걀에 밥을 넣어 꼬들꼬들하게 볶는다. 여기에 데친 새우와 당근, 피망을 넣어 익힌다.

마지막에 대파, 소금, 흰 후춧가루를 넣어 간을 맞춘다.

밥그릇을 사용하여 눌러 담거나, 깔끔하게 접시에 담는다.

기적의 TIP

- 볶음밥용 밥은 고슬고슬하게 지어 질지 않게 해야 한다.
- 밥은 주걱으로 누르지 말고 주걱을 세워서 볶아야 밥알이 눌리지 않는다.
- 새우볶음밥은 여러 가지 방법으로 만들 수 있으나, NCS에 따른 요구사항의 의도를 파악하여 제출하는 것이 합격할 수 있는 비법이다.

유니짜장면

▶ 합격 강의

반복학습 1 2 3

조리법 면류 조리　　시험시간 30분

준비할 재료

돼지등심(다진살코기) 50g, 중식면(생면) 150g, 양파 1개, 애호박 50g, 오이 1/4개, 춘장 50g, 생강 10g, 진간장 50mL, 청주 50mL, 소금 10g, 흰설탕 20g, 참기름 10mL, 녹말가루 50g, 식용유 100mL

요구사항

주어진 재료를 사용하여 다음과 같이 유니짜장면을 만드시오.

1. 춘장은 기름에 볶아서 사용하시오.
2. 양파, 호박은 0.5cm×0.5cm 크기의 네모꼴로 써시오.
3. 중식면은 끓는 물에 삶아 찬물에 헹군 후 데쳐 사용하시오.
4. 삶은 면에 짜장소스를 부어 오이채를 올려내시오.

만드는 방법

양파, 호박은 0.5cm×0.5cm로 썰고, 생강은 다지고, 오이는 5cm 길이로 어슷하게 채를 썬다.

돼지고기는 핏물을 제거한다.

팬에 춘장 2큰술, 식용유 4큰술을 넣고 약한 불로 구멍이 생길 때까지 볶는다.

팬에 식용유를 두르고 생강향을 낸 후, 다진 돼지고기를 넣어서 잡냄새를 없앤다. 돼지고기가 하얗게 변하면 청주, 간장 1큰술씩 넣고 양파와 호박을 볶아 익힌 후, 춘장을 넣어 볶는다.

춘장이 다 섞이면 물 1컵을 넣어 끓이고, 양념으로 설탕 1큰술, 소금 조금을 넣는다. 녹말가루 1큰술, 물 1큰술을 섞어서 물녹말을 만들어 농도를 맞추고 참기름을 두른다.

냄비에 물을 끓이고, 물 속에 소금과 식용유를 넣어 면을 삶는다. 다 삶아진 면은 찬물에 헹구고, 면을 삶았던 따뜻한 물은 버리지 말고 놔두었다가 면을 잠깐 넣어 따뜻하게 하는 데 활용한다.

볼에 면을 담고, 그 위에 짜장소스와 오이를 곁들인다.

기적의 TIP

- 춘장을 오래 볶으면 딱딱해져서 사용하기 좋지 않다.
- 면을 나중에 삶아야 불지 않고, 면을 삶은 물은 버리지 말고 완성그릇에 담기 전에 면을 데워 따뜻하게 제출한다.

울면

합격 강의

반복학습 1 2 3

조리법 면류 조리 시험시간 30분

준비할 재료

중식면(생면) 150g, 오징어(몸통) 50g, 작은 새우살 20g, 조선부추 10g, 대파 6cm, 마늘 3쪽, 당근 20g, 배추잎 20g, 건목이버섯 1개, 양파 1/4개, 달걀 1개, 진간장 5mL, 청주 30mL, 참기름 5mL, 소금 5g, 녹말가루 20g, 흰 후춧가루 3g

요구사항

주어진 재료를 사용하여 다음과 같이 울면을 만드시오.

1. 오징어, 대파, 양파, 당근, 배추잎은 6cm 길이로 채를 써시오.
2. 중화면은 끓는 물에 삶아 찬물에 헹군 후 데쳐 사용하시오.
3. 소스는 농도를 잘 맞춘 다음, 달걀을 풀 때 덩어리지지 않게 하시오.

이렇게 썰기

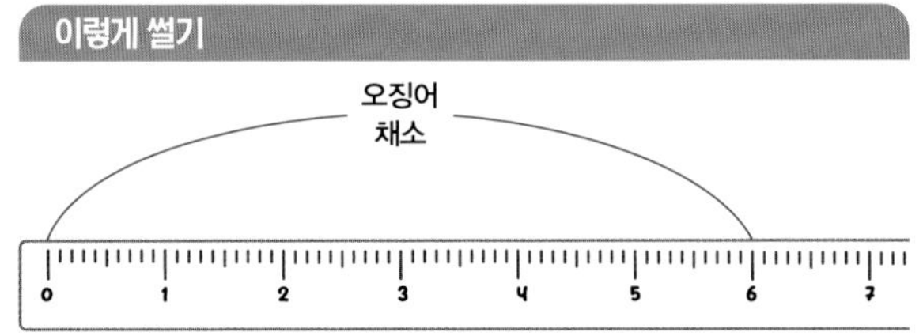

만드는 방법

1 대파, 양파, 당근, 부추, 배춧잎은 6cm 길이로 채를 썬다. 마늘도 채를 썰고, 목이는 불려서 찢는다.

2 새우는 내장을 제거한다. 오징어는 껍질을 벗기고, 세로 방향으로 잔칼집을 넣고 가로 방향 6cm 길이로 채를 썬다.

3 물 3큰술, 녹말가루 3큰술을 섞어 물녹말을 만들고, 달걀에 소금을 넣어 풀어 놓는다.

4 물을 3컵 정도 끓이고 대파, 마늘, 양파, 당근, 배춧잎, 목이버섯을 넣어 먼저 익힌 후 오징어와 새우는 질겨지지 않게 나중에 넣는다.

5 소금, 청주, 간장 1큰술씩 넣고, 흰 후춧가루를 넣어 간을 맞추고, 물녹말을 넣어 농도를 맞춘다. 달걀은 조금씩 흘려 넣어 탁하지 않게 하고 부추와 참기름을 넣어 마무리한다.

6 냄비에 물을 끓이고, 물 속에 소금을 넣어 면을 삶는다. 다 삶아진 면은 찬물에 헹구고, 면을 삶았던 따뜻한 물은 버리지 말고 놔두었다가 면을 잠깐 넣어 따뜻하게 하는데 활용한다.

7 볼에 면을 담고, 그 위에 끓여 놓은 울면 국물을 담아낸다.

기적의 TIP

- 비교적 물녹말이 많이 들어가는 편이므로 넉넉하게 만들어 놓는다.
- 달걀은 농도를 맞추고 넣어서 부드럽게 익히고, 탁하지 않게 한다.
- 면이 불지 않도록 미리 삶지 말고, 울면 국물을 만들고 면을 삶는다.

오징어냉채

합격 강의

반복학습 1 2 3

조리법 냉채 조리 시험시간 20분

준비할 재료

갑오징어살(오징어 대체 가능) 100g, 오이 1/3개, 식초 30mL, 흰설탕 15g, 소금 2g, 참기름 5mL, 겨자 20g

겨자소스

'겨자 1큰술, 물 1/2큰술' 발효 후 식초 2큰술, 설탕 1큰술, 소금, 참기름 조금씩

요구사항

주어진 재료를 사용하여 오징어냉채를 만드시오.

1. 오징어 몸살은 종횡으로 칼집을 내어 3~4cm로 썰어 데쳐서 사용하시오..
2. 오이는 얇게 3cm 편으로 썰어 사용하시오.
3. 겨자를 숙성시킨 후 소스를 만드시오.

이렇게 썰기

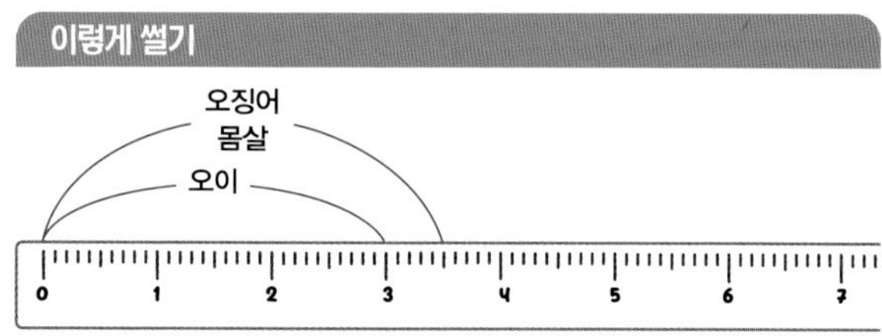

만드는 방법

1 겨자 1큰술에 미지근한 물 1/2큰술을 넣어 갠다. 물을 끓이고 냄비 뚜껑 위에서 10분 정도 발효시킨다. 매운 냄새가 나면 식초 2큰술, 설탕 1큰술, 소금, 참기름을 조금씩 넣어 겨자소스를 만든다.

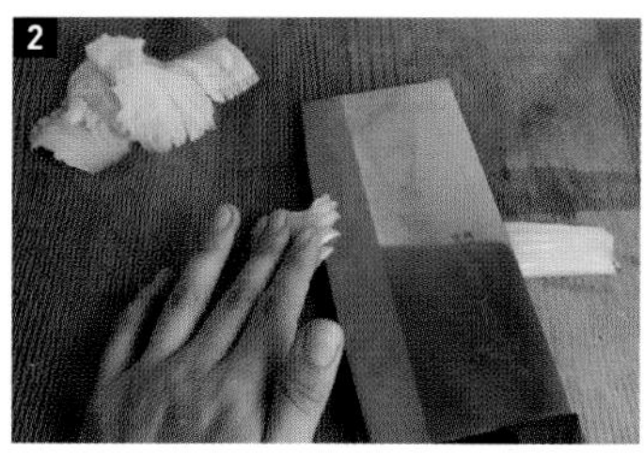

2 갑오징어는 가운데에 칼집을 살짝 넣어 갑을 빼낸다. 껍질을 벗기고, 다리를 분리한다. 내장(안) 쪽에 세로 방향으로 칼집을 깊게 반 깊이로 넣고, 가로 방향으로 어슷하게 2번 정도 칼집을 넣고 3~4cm가 되도록 자른다.

3 끓는 물에 소금, 식초를 넣고 오징어를 데친다.

4 오이는 어슷하게 3cm로 자른다.

5 오징어와 오이를 섞고, 겨자소스를 뿌려내거나 오징어, 오이, 겨자소스를 함께 섞어 버무려 제출한다.

기적의 TIP

- 요구사항대로 오징어를 가로, 세로 방향(종횡)으로 칼집을 넣어 모양을 살릴 수 있도록 한다. 오징어를 오래 익히면 질겨진다.
- 갑오징어가 지급되면 일반 물오징어보다 두께가 두꺼우므로 칼집을 조금 더 깊이 넣어 모양이 잘 나올 수 있도록 한다.

해파리냉채

반복학습 1 2 3

조리법 냉채 조리　　시험시간 20분

준비할 재료

해파리 150g, 오이 1/2개, 마늘 3쪽, 식초 45mL, 흰설탕 15g, 소금 7g, 참기름 5mL

냉채마늘소스

다진 마늘 2큰술, 식초 3큰술, 설탕 2큰술, 참기름 1작은술

요구사항

주어진 재료를 사용하여 다음과 같이 해파리냉채를 만드시오.

1. 해파리는 염분을 제거하고 살짝 데쳐서 사용하시오.
2. 오이는 0.2cm×6cm 크기로 어슷하게 채를 써시오.
3. 해파리와 오이를 섞어 마늘소스를 끼얹어 내시오.

이렇게 썰기

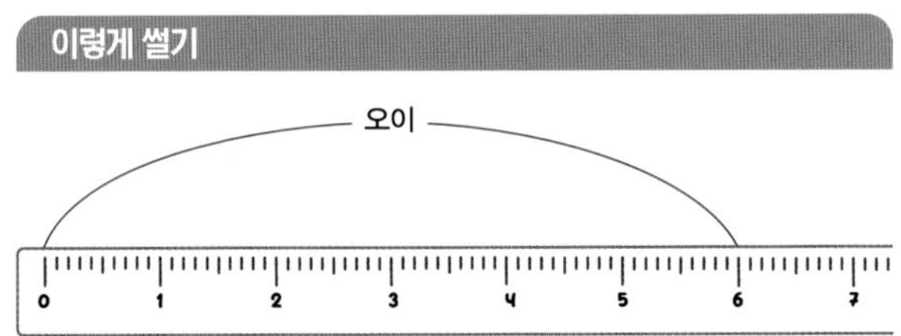

만드는 방법

해파리를 주무른 후, 물에 담가서 염분을 뺀다.

미지근한 소금물에 해파리를 살짝 데친다.

마늘은 굵게 다지고, 식초 3큰술, 설탕 2큰술, 참기름 1작은술을 섞어 소스를 만든다.

마늘소스에 데친 해파리를 담가 맛이 배도록 한다.

오이는 어슷하게 썰고, 0.2cm×6cm로 채를 썬다.

오이를 해파리에 함께 버무려 제출한다.

기적의 TIP

- 해파리를 끓는 물에 오랫동안 데칠 경우 오그라들게 되므로, 60~70℃의 미지근한 물에 데친다.
- 완성접시에는 제출 직전에 담아야 소스가 지나치게 흐르지 않고 깨끗하다.

양장피잡채

반복학습 1 2 3

조리법 볶음 조리　　시험시간 35분

준비할 재료

양장피 1/2장, 돼지등심(살코기) 50g, 양파 1/2개, 조선부추 30g, 건목이버섯1개, 당근 50g, 오이 1/3개, 달걀 1개, 진간장 5mL, 참기름 5mL, 겨자 10g, 식초 50mL, 흰설탕 30g, 식용유 20mL, 작은 새우살 50g, 갑오징어살(오징어 대체 가능) 50g, 건해삼(불린 것) 60g, 소금 3g

양장피(분피) 양념

간장 1작은술, 참기름 1/2작은술

겨자소스

'겨자 1큰술, 물 1/2큰술' 발효 후 식초 2큰술, 설탕 1큰술, 소금, 참기름 조금씩

요구사항

주어진 재료를 사용하여 양장피잡채를 만드시오.

1. 양장피는 4cm로 하시오.
2. 고기와 채소는 5cm 길이의 채를 써시오.
3. 겨자는 숙성시켜 사용하시오.
4. 볶은 재료와 볶지 않는 재료의 분별에 유의하여 담아내시오.

이렇게 썰기

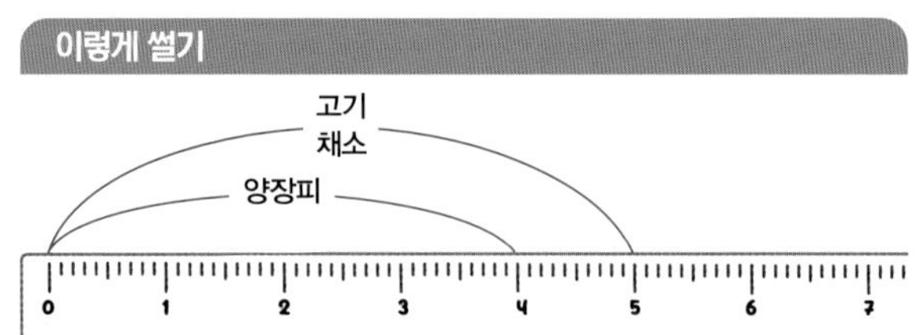

만드는 방법

1

겨자 1큰술에 미지근한 물 1/2큰술을 넣어 갠다. 물을 끓이고 냄비 뚜껑 위에서 10분 정도 발효시킨다. 매운 냄새가 나면 식초 2큰술, 설탕 1큰술, 소금, 참기름을 조금씩 넣어 겨자소스를 만든다.

2

물을 끓여서 양장피를 미지근한 물에 불린다. 잘 불어나면 끓는 물에 데쳐서 사방 4cm로 썬다. 간장 1작은술, 참기름 1/2작은술로 밑간을 한다.

3

목이는 물에 불려서 찢는다. 당근과 양파, 오이는 길이 5cm, 두께 0.2~0.3cm로 채를 썰고, 부추는 5cm로 썰고, 당근은 데친다.

4

오징어는 껍질을 벗기고, 내장 쪽에 세로로 잔 칼집을 반 깊이로 넣는다. 해삼과 새우는 내장을 제거한다. 끓는 물에 오징어, 새우, 해삼을 데친다. 데친 오징어는 말리지 않도록 가로 방향으로 채를 썬다. 해삼은 길이 방향으로 썰어 말리지 않게 한다.

5

돼지고기는 길이 5cm, 두께 0.2~0.3cm로 채를 썬다.

6

달걀은 노른자와 흰자를 분리하거나 노른자와 흰자를 합쳐서 소금을 조금 넣고 끈기 없게 잘 푼다. 팬에 기름을 약간 두르고 약한 불로 지단을 부친다.

7

오이, 당근, 새우, 해삼, 오징어, 달걀지단을 접시에 돌려 담는다. 가운데에는 양장피를 올린다.

8

팬에 기름을 둘러 양파를 볶고, 돼지고기를 볶으면서 간장, 목이를 넣는다. 고기가 다 익으면 부추를 흰 부분, 파란 부분 순서로 넣고 소금, 참기름을 조금씩 넣는다. 볶은 재료들을 양장피 위에 올린다.

9

겨자소스는 따로 곁들이거나 위에 뿌려 제출한다.

기적의 TIP

- 볶는 재료와 볶지 않는 재료를 구분만 잘해도 양장피가 쉬워진다.
  - 볶는 재료 : 부추, 돼지고기, 양파, 목이버섯
  - 볶지 않는(돌려 담는) 재료 : 오이, 당근, 새우, 오징어, 해삼, 지단
- 시간이 부족한 메뉴이므로 돌려 담는 재료를 준비해서 바로 완성접시에 세팅하면 시간을 절약할 수 있다.

부추잡채

합격 강의

반복학습 1 2 3

조리법 볶음 조리　　시험시간 20분

준비할 재료

부추(중국부추, 호부추) 120g, 돼지 등심(살코기) 50g, 달걀 1개, 청주 15mL, 소금 5g, 참기름 5mL, 식용유 100mL, 녹말가루 30g

돼지고기 밑간

소금 조금, 청주 1작은술

요구사항

주어진 재료를 사용하여 다음과 같이 부추잡채를 만드시오.

1. 부추는 6cm 길이로 써시오.
2. 고기는 0.3cm×6cm 길이로 써시오.
3. 고기는 간을 하여 기름에 익혀 사용하시오.

이렇게 썰기

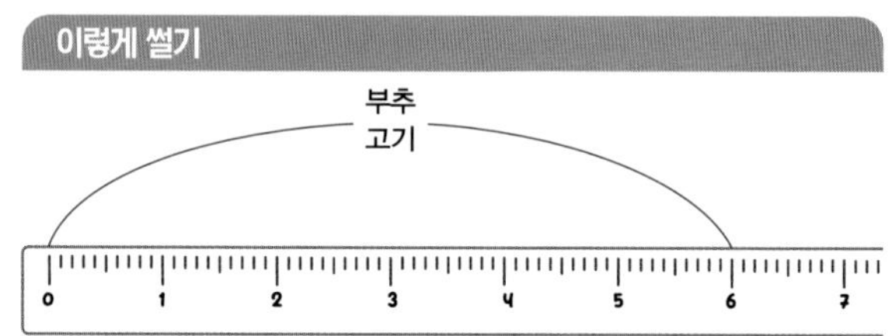

만드는 방법

돼지고기는 0.3×6cm의 가는 채로 썰어서 소금 조금, 청주 1작은술로 밑간을 한다. 밑간이 된 돼지고기는 달걀흰자 1큰술, 녹말가루 1큰술을 넣고 섞는다.

부추는 6cm로 채를 썰어서 흰 부분(줄기)과 푸른 부분(잎)으로 나눈다.

돼지고기를 넉넉한 기름에 겉면만 살짝 데쳐낸다.

팬에 기름을 두르고 돼지고기와 부추의 흰 부분을 볶다가 청주 1작은술, 소금을 넣어서 볶는다. 그리고 부추의 파란 부분과 참기름을 넣어 살짝 볶는다.

기적의 TIP

- 부추는 흰 부분(줄기)과 푸른 부분(잎)으로 나눠 사용해야 골고루 익힐 수 있다.
- 부추를 오래 볶으면 물이 생기고 질겨지므로 살짝 볶아낸다.

고추잡채

▶ 합격 강의

반복학습 1 2 3

조리법 볶음 조리　　시험시간 25분

준비할 재료

돼지등심(살코기) 100g, 청주 5mL, 녹말가루 15g, 청피망 1개, 달걀 1개, 죽순 30g, 건표고버섯 불린 것 2개, 양파 1/2개, 참기름 5mL, 식용유 150mL, 소금 5g, 진간장 15mL

돼지고기 밑간

소금 조금, 청주 1큰술

요구사항

주어진 재료를 사용하여 고추잡채를 만드시오.

1. 주재료 피망과 고기는 5cm의 채로 써시오.
2. 고기는 간을 하여 기름에 익혀 사용하시오.

이렇게 썰기

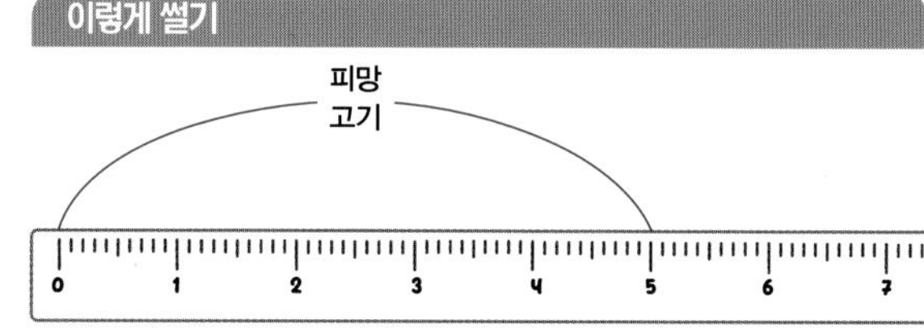

만드는 방법

돼지고기는 5cm의 가는 채로 썰어서 소금 조금, 청주 1큰술로 밑간을 한다.

죽순은 5cm로 채를 썰어서 끓는 물에 데치고, 양파, 표고, 청피망도 5cm로 채를 썬다.

밑간이 된 돼지고기는 달걀흰자 1큰술, 녹말가루 1큰술을 넣고 섞은 후, 넉넉한 기름에 겉면만 살짝 데쳐낸다.

기름에 양파, 표고, 죽순 순서로 볶은 후 간장 1작은술, 청주 1작은술을 넣어서 볶는다. 피망, 돼지고기를 넣어 색이 변하지 않게 볶고 소금, 참기름으로 마무리한다.

기적의 TIP

- 돼지고기를 데칠 때는 기름을 넉넉하게 넣고 불의 세기를 약하게 하여 고기의 겉면이 타지 않고 하얗게 변할 수 있도록 한다.
- 피망은 오래 볶으면 색이 누렇게 되므로 살짝만 볶아야 한다.
- 두께는 정해진 사이즈가 없지만 일정하게 자르고, 0.2~0.3cm로 하면 적당하다.

마파두부

반복학습 1 2 3

조리법 볶음 조리　　시험시간 25분

준비할 재료

두부 150g, 마늘 2쪽, 생강 5g, 대파 6cm, 홍고추(생) 1/2개, 두반장 10g, 검은 후춧가루 5g, 돼지등심(다진 살코기) 50g, 흰설탕 5g, 녹말가루 15g, 참기름 5mL, 식용유 60mL, 진간장 10mL, 고춧가루 15g

마파두부 소스

두반장 1큰술, 설탕 1작은술, 후추, 물 1컵

요구사항

주어진 재료를 사용하여 마파두부를 만드시오.

1. 두부는 1.5cm의 주사위 모양으로 써시오.
2. 두부가 으깨어지지 않게 하시오.
3. 고추기름을 만들어 사용하시오.
4. 홍고추는 씨를 제거하고 0.5cm×0.5cm로 써시오.

이렇게 썰기

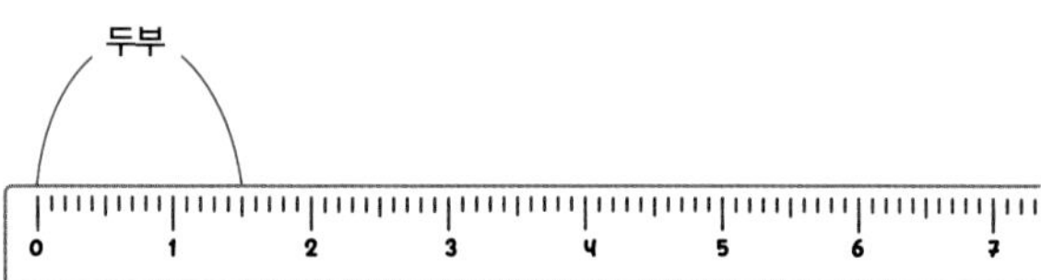

만드는 방법

1 두부는 사방 1.5cm의 주사위 모양으로 썰어서 끓는 물에 데친다.

2 대파는 심지를 제거하고, 홍고추는 씨를 제거한다. 대파, 마늘, 생강, 홍고추는 0.5cm×0.5cm 정도로 굵게 다진다. 돼지고기는 핏물을 제거한다.

3 기름 4~5큰술 정도를 팬에서 기포가 생길 정도로 가열한다. 그릇에 고춧가루 1큰술을 담고, 뜨거운 기름을 고춧가루에 부어 맛이 우러나오게 한다. 색과 맛이 우러나오면 면포 또는 키친타월에 걸러서 맑은 고추기름을 만든다.

4 녹말과 물을 1:1로 섞어서 물녹말을 만들어 놓는다.

5 팬에 고추기름을 두르고 대파, 마늘, 생강, 홍고추를 볶는다. 간장 1작은술을 넣어 향과 맛을 내고 돼지고기를 넣어 볶아 익힌다.

6 재료가 익으면 두반장 1큰술, 설탕 1작은술, 후추, 물 1컵을 넣어 끓인다. 끓으면 물녹말을 넣어 농도를 맞춘 후, 두부와 참기름을 넣고 마무리하여 접시에 담는다.

기적의 TIP

- 마파두부는 고추기름을 만들어 사용해야 한다. 고추기름은 고춧가루를 뜨거운 기름에 넣어 볶아주듯이 만들어도 되고, 위의 3번 과정처럼 만들어도 된다.
- 두부가 깨질 수 있으므로 물녹말을 넣어 농도를 맞춘 후 넣는 것이 좋다.

새우케첩볶음

반복학습 1 2 3

조리법 볶음 조리　　시험시간 25분

준비할 재료

작은 새우살(내장이 있는 것) 200g, 진간장 15mL, 달걀 1개, 녹말가루 100g, 토마토케첩 50g, 청주 30mL, 당근 30g, 양파 1/6개, 소금 2g, 흰설탕 10g, 식용유 800mL, 생강 5g, 대파 6cm, 이쑤시개 1개, 완두콩10g

새우 밑간

소금 약간, 청주 1작은술

튀김반죽

녹말가루 1/2컵, 달걀 1/2개(3~4큰술 분량)

케첩소스

물 반컵, 케첩 3큰술, 설탕 1큰술, 소금

요구사항

주어진 재료를 사용하여 다음과 같이 새우케첩볶음을 만드시오.

1. 새우 내장을 제거하시오.
2. 당근과 양파는 1cm 크기의 사각으로 써시오.

만드는 방법

1

당근, 양파, 대파, 생강은 1cm 편으로 썰고, 완두콩은 데친다.

2

새우는 이쑤시개로 내장을 제거하고 소금 약간, 청주 1작은술을 넣어 밑간을 한다.

3

달걀과 녹말가루를 섞어 튀김반죽을 만든 후, 새우와 튀김반죽을 섞는다.

▶ 튀김반죽은 p.2-15 참고

4

기름을 예열하고 1차 튀김은 150~160℃에서 2분간 튀긴다. 2차 튀김은 160~170℃에서 바삭하게 30초간 튀긴다.

5

케첩소스와 물녹말(물 1큰술, 녹말가루 1큰술)을 만들어 놓는다.

6

팬에 기름을 두르고 대파, 생강을 볶아 향을 내고, 간장과 청주를 1작은술씩 넣어 향을 낸다. 그리고 양파, 당근을 넣어 살짝 볶고 케첩소스를 넣고 끓인다. 끓으면 물녹말을 조금씩 넣으며 농도를 맞추고, 튀긴 새우와 완두콩을 넣어 버무린다.

기적의 TIP

- 팬에서 볶을 때 불이 세면 간장과 청주를 넣으면서 불이 난다. 미숙하다면 간장과 청주를 케첩소스에 섞어서 안전하게 조리하도록 한다.
- 새우의 물기를 제대로 제거하지 않으면 튀김옷이 벗겨지므로 재료의 수분은 항상 제거하도록 한다.

채소볶음

반복학습 1 2 3

조리법 볶음 조리 시험시간 25분

준비할 재료

청경채 1개, 대파 6cm, 당근 50g, 죽순 30g, 청피망 1/3개, 건표고버섯 불린 것 2개, 식용유 45mL, 소금 5g, 진간장 5mL, 청주 5mL, 참기름 5mL, 마늘 1쪽, 흰 후춧가루 2g, 생강 5g, 셀러리 30g, 양송이(통조림) 2개, 녹말가루 20g

요구사항

주어진 재료를 사용하여 채소볶음을 만드시오.

1. 모든 채소는 길이 4cm의 편으로 써시오.
2. 대파, 마늘, 생강을 제외한 모든 채소는 끓는 물에 살짝 데쳐서 사용하시오.

이렇게 썰기

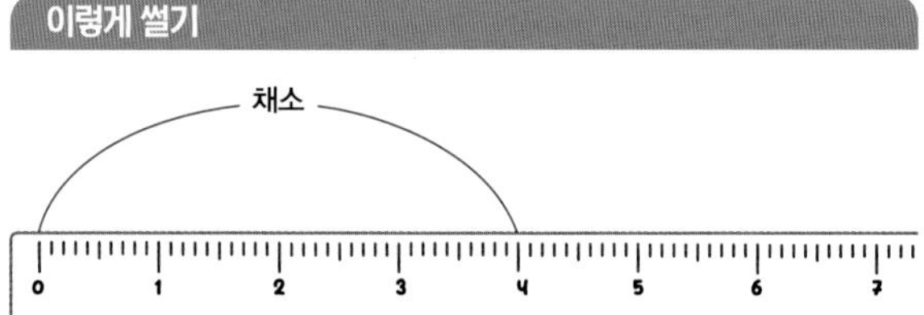

만드는 방법

1

셀러리는 섬유질을 제거하고 죽순은 석회질을 제거한다. 청경채, 피망, 죽순, 표고, 셀러리, 양송이, 당근 등 모든 채소는 4cm 길이로 편을 썬다.

2

대파는 4cm로 편을 썰고, 마늘과 생강도 편을 썬다.

3

대파, 마늘, 생강을 제외한 모든 채소는 끓는 소금물에 데치고 찬물에 헹군 후 물기를 제거한다. 나중에 넣는 녹색 채소는 따로 데치면 볶을 때 편리하다.

4

녹말가루, 물 1큰술씩 섞어 물녹말을 만든다.

5

기름을 두르고 파, 마늘, 생강을 볶고 간장과 청주를 1작은술씩 넣는다. 당근, 표고, 죽순, 양송이를 볶아 익히고 물 150mL, 소금, 흰 후추를 넣어 끓인다. 녹색 채소인 피망, 셀러리, 청경채는 늦게 넣고 만들어 놓은 물녹말로 농도를 맞춘 후 참기름을 넣는다.

기적의 TIP

- 채소의 4cm 길이 외에 제시된 사이즈는 없지만 마늘과 생강은 1~2cm 정도로 하면 알맞다.
- 재료의 색이나 식감이 살아 있도록 볶는다.

라조기

반복학습 1 2 3 | 조리법 볶음 조리 | 시험시간 30분

준비할 재료

닭다리(한 마리 1.2kg) 1개, 죽순 50g, 불린 건표고버섯 1개, 홍고추(건) 1개, 양송이(통조림) 1개, 청피망 1/3개, 청경채 1포기, 생강 5g, 대파(6cm 정도) 2토막, 마늘 1쪽, 달걀 1개, 진간장 30mL, 소금 5g, 청주 15mL, 녹말가루 100g, 고추기름 10mL, 식용유 900mL, 검은 후춧가루 1g

닭 밑간

청주 1큰술, 간장 1큰술

튀김반죽

녹말가루 1/2컵, 달걀 1/2개(3~4큰술 분량)

요구사항

주어진 재료를 사용하여 다음과 같이 라조기를 만드시오.

1. 닭은 뼈를 발라낸 후 5cm×1cm의 길이로 써시오.
2. 채소는 5cm×2cm의 길이로 써시오.

이렇게 썰기

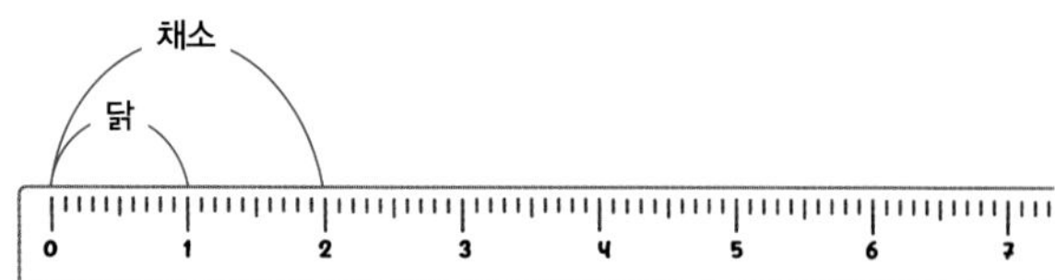

만드는 방법

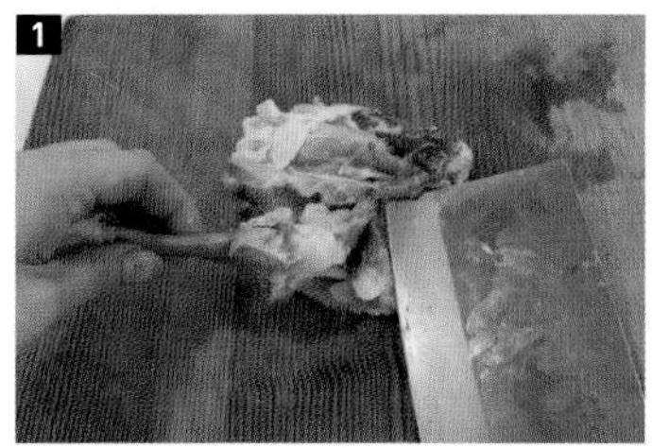

닭은 핏물과 기름기를 제거하고 포를 떠서 살을 발라낸다. 힘줄을 제거한다.

▶ 닭 손질법은 p.2-16 참고

손질한 닭은 5cm×1cm의 길이로 썰어서 청주, 간장 1큰술씩 밑간을 한다.

죽순, 건홍고추, 표고버섯, 청피망, 청경채, 양송이는 5cm×2cm의 길이로 썬다. 대파, 마늘, 생강은 편을 썬다.

달걀과 녹말가루를 섞어 튀김반죽을 만들고 닭과 섞는다. 160~170℃로 예열된 기름에 튀긴다.

▶ 튀김반죽은 p.2-15 참고

팬에 고추기름을 두르고 대파, 마늘, 생강, 건고추를 볶으면서 청주와 간장을 1작은술씩 넣어 향과 맛을 낸다. 그리고 표고, 죽순, 양송이를 볶고 물 1컵, 소금, 후춧가루를 넣어 맛을 낸다. 물녹말로 농도를 맞추고 튀긴 닭, 청경채, 청피망을 넣어 살짝 섞는다.

기적의 TIP

- 녹색 채소인 청피망과 청경채는 오래 끓이면 변색되므로 되도록 늦게 넣는다.
- 양송이나 대파를 5cm로 맞추기 힘들다면 편을 썰어 사용한다.

경장육사

합격 강의

반복학습 1 2 3

조리법 볶음 조리 시험시간 30분

준비할 재료

돼지등심(살코기) 150g, 죽순 100g, 대파 3토막, 달걀 1개, 춘장 50g, 식용유 300mL, 흰설탕 30g, 굴소스 30mL, 청주 30mL, 진간장 30mL, 녹말가루 50g, 참기름 5mL, 마늘 1쪽, 생강 5g

돼지고기 밑간

청주 1큰술, 간장 1큰술

춘장소스

볶은 춘장 2큰술, 설탕 1큰술, 굴소스 1큰술, 물 2큰술

요구사항

주어진 재료를 사용하여 경장육사를 만드시오.

1. 돼지고기는 길이 5cm의 얇은 채로 썰고, 간을 하여 기름에 익혀 사용하시오.
2. 춘장은 기름에 볶아서 사용하시오.
3. 대파채는 길이 5cm로 어슷하게 채 썰어 매운 맛을 빼고 접시에 담으시오.

이렇게 썰기

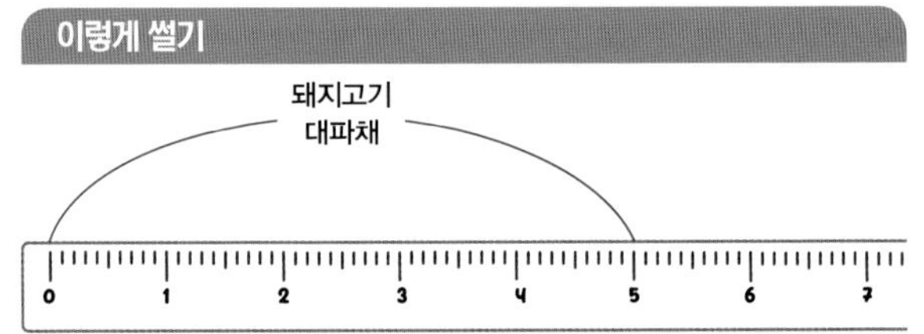

만드는 방법

대파는 5cm로 어슷하게 채를 썰어서 찬 물에 담가 매운 맛을 제거한다.

죽순은 석회질을 제거하고 끓는 물에 데쳐서 채를 썰고, 마늘과 생강도 채를 썬다.

돼지고기는 5cm 길이로 가늘게 결대로 채를 썬 후 청주, 간장 1큰술 정도로 밑간을 한다.

밑간한 돼지고기에 흰자와 녹말가루를 2큰술씩 넣고 넉넉한 기름에 돼지고기를 데친다.

팬에 춘장 2큰술, 식용유 4큰술을 넣고 약한 불로 구멍이 생길 때까지 볶는다.

물과 녹말가루를 1/2큰술씩 동량으로 섞어 물녹말을 만든다.

기름을 두르고 마늘, 생강을 볶다가 간장, 술을 넣어 불맛을 내고, 죽순을 볶는다. 춘장, 설탕, 굴소스, 물을 넣고 끓이다가 끓으면 돼지고기를 넣어 잘 섞는다. 물녹말로 농도를 맞추고 참기름을 넣어 마무리한다.

대파는 물기를 빼서 접시에 깔고, 볶은 경장육사를 가운데에 담아 제출한다.

기적의 TIP

- 돼지고기는 결대로 채를 썰어서 부서지지 않게 한다. 데칠 때는 불을 약하게 해야 눌어붙지 않으며, 센 불로 하면 돼지고기의 색이 진하게 난다.
- 춘장은 오래 볶으면 딱딱해지므로 주의한다.

빠스옥수수

반복학습 1 2 3

조리법 후식 조리　　시험시간 25분

준비할 재료

옥수수(통조림) 120g, 땅콩 7알, 밀가루(중력분) 80g, 달걀 1개, 흰설탕 50g, 식용유 500mL

요구사항

주어진 재료를 사용하여 빠스옥수수를 만드시오.

1. 완자의 크기를 직경 3cm 공 모양으로 하시오.
2. 땅콩은 다져 옥수수와 함께 버무려 사용하시오.
3. 설탕시럽은 타지 않게 만드시오.
4. 빠스옥수수는 6개 만드시오.

만드는 방법

1

옥수수는 체에 받쳐 수분을 제거하고, 굵게 반 정도로 다진다.

2

땅콩은 껍질을 제거하고, 굵게 다진다.

3

옥수수에 달걀노른자, 밀가루 2~3큰술 정도, 다진 땅콩을 넣어 반죽한다.

4

150℃ 정도로 튀김기름을 예열하고, 옥수수 반죽을 직경 3cm의 공 모양으로 6개 만들어 튀긴다. 이때 익히면서 옥수수의 크기가 커지므로 2.5cm 정도로 작게 만드는 것이 좋다.

5

팬에 식용유 1큰술, 설탕 3큰술을 넣고 약한 불로 젓지 않고 녹인다. 반 이상의 설탕이 녹으면 저어주고 설탕이 모두 녹으면 튀긴 옥수수를 넣어 재빠르게 버무린다.

6

기름을 바른 접시에 옮겨 뜨거울 때 하나씩 떼어 놓는다. 식으면 완성접시에 담는다.

기적의 TIP

- 옥수수의 수분을 제대로 빼지 않으면 질어져서 모양이 만들어지지 않는다.
- 모양을 만들 때 한 손에 반죽을 넣어 수저로 떼어내기도 하고, 같은 모양의 수저 두 개를 사용하여 동그랗게 만들어도 된다.
- 시럽을 만들 때 시럽이 녹지 않은 상태에서 저으면 결정화되서 깨끗하게 묻지 않는다. 약불이어도 방심하지 말고 중간에 체크를 해서 타지 않게 한다. 버무릴 때는 재빠르게 버무리거나, 불을 끄고 버무려야 타지 않는다.

빠스고구마

합격 강의

반복학습 1 2 3

조리법 후식 조리 시험시간 25분

준비할 재료

고구마(300g 정도) 1개, 식용유 1,000mL, 흰설탕 100g

요구사항

주어진 재료를 사용하여 다음과 같이 빠스고구마를 만드시오.

1. 고구마는 껍질을 벗기고 먼저 길게 4등분을 내고, 다시 4cm 길이의 다각형으로 돌려썰기 하시오.
2. 튀김이 바삭하게 되도록 하시오.

이렇게 썰기

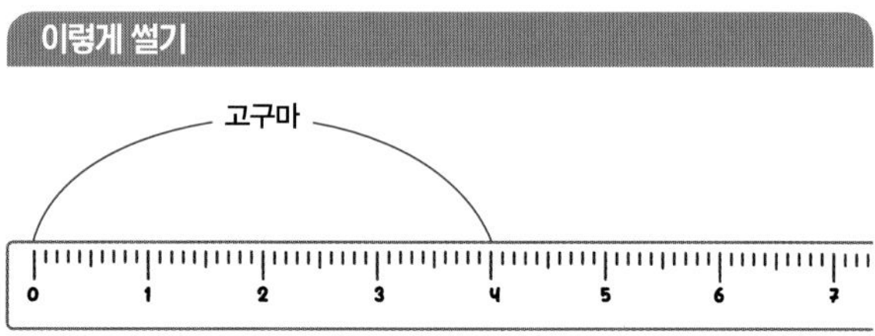

만드는 방법

고구마는 껍질을 벗기고 길게 4등분을 내고 다시 4cm의 다각형으로 썬다.

150℃ 정도로 튀김기름을 예열하고, 고구마를 넣어 속까지 익히며 모서리가 색이 나도록 튀긴다.

팬에 식용유 1큰술, 설탕 3큰술을 넣고 약한 불로 젓지 않고 녹인다. 반 이상의 설탕이 녹으면 저어주고 설탕이 모두 녹으면 튀긴 고구마를 넣어 재빠르게 버무린다.

기름을 바른 접시에 옮겨 뜨거울 때 하나씩 떼어 놓는다. 식으면 완성접시에 담는다.

기적의 TIP

- 고구마를 미리 썰어 놓은 경우에는 찬물에 담가 갈변을 방지하고, 튀김을 바로 할 예정이라면 물에 담그지 않고 튀긴다.
- 시럽을 만들 때 설탕이 녹지 않은 상태에서 저으면 결정화되서 깨끗하게 묻지 않는다. 약불이어도 방심하지 말고 중간에 체크를 해서 타지 않게 한다. 버무릴 때는 재빠르게 버무리거나, 불을 끄고 버무려야 타지 않는다.

모두들 당신이 해낼 수 없다고 여기는
무언가를 해내는 것은
인생의 커다란 기쁨이다.

월터 게이저트(Walter Gagehot)

일식조리기능사
실기 공개문제

일식메뉴 계획에 따라 식재료를 선정, 구매, 검수, 보관 및 저장하며 맛과 영양을 고려하여 안전하고 위생적으로 음식을 조리하고 조리기구와 시설관리를 수행하는 직무이다.

갑오징어명란무침

반복학습 1 2 3

조리법 무침 조리 시험시간 20분

준비할 재료

갑오징어몸살 70g, 명란젓 40g, 무순 10g, 소금 10g, 청차조기잎(시소, 깻잎으로 대체 가능) 1장

요구사항

주어진 재료를 사용하여 다음과 같이 갑오징어명란무침을 만드시오.

1. 명란젓은 껍질을 제거하고 알만 사용하시오.
2. 갑오징어는 속껍질을 제거하여 사용하시오.
3. 갑오징어를 소금물에 데쳐 0.3×0.3×5cm 크기로 썰어 사용하시오.

만드는 방법

무순과 청차조기잎은 찬물에 담근다.

갑오징어는 갑과 다리를 손으로 떼어 제거하고, 속껍질과 겉껍질을 면포나 행주로 밀어서 제거한다. 냄비에 물을 끓이고 갑오징어를 통으로 삶아 익힌다.

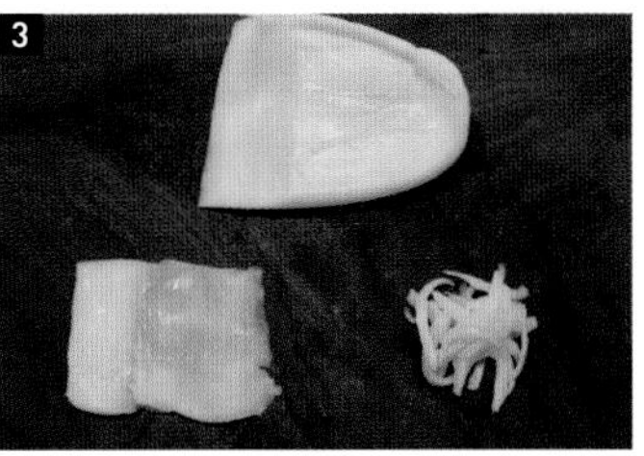

갑오징어를 가로 방향 5cm 길이, 두께 0.3cm가 되도록 포를 뜨고 0.3cm씩 일정하게 채를 썬다.

명란젓은 껍질을 벗기고 칼등으로 알만 꺼낸다.

갑오징어에 명란알, 소금을 넣고 젓가락으로 살살 섞는다.

청차조기잎을 깔고 갑오징어명란무침을 담은 후, 앞쪽에 무순을 올린다.

기적의 TIP

- 갑오징어의 껍질은 투명해서 잘 보이지 않고 손으로 잡히지 않으므로, 마른 상태에서 면포나 행주로 밀어주어야 얇은 껍질이 잘 벗겨진다.
- 갑오징어를 끓는 물에 오래 데치면 질겨지고, 익지 않으면 실격 사유가 될 수 있다. 미지근한 물에서 속이 단단해질 때까지 익혀야 한다.
- 갑오징어를 썰 때는 길게 삼각형 모양으로 놓고 봤을 때 가로 방향이 5cm가 되어야 오징어가 말리지 않고 부드럽게 먹을 수 있다.

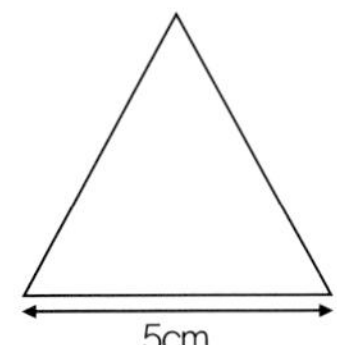

된장국

반복학습 1 2 3

조리법 국물 조리 시험시간 20분

준비할 재료

일본된장 40g, 건다시마(5×10cm) 1장, 판두부 20g, 실파 20g, 산초가루 1g, 가다랑어포(가쓰오부시) 5g, 건미역 5g, 청주 20mL

된장국

가다랑어 국물 2컵, 된장 1큰술, 청주 1큰술

요구사항

주어진 재료를 사용하여 된장국을 만드시오.

1 다시마와 가다랑어포(가쓰오부시)로 가다랑어 국물(가쓰오다시)을 만드시오.
2. 1cm×1cm×1cm로 썬 두부와 미역은 데쳐 사용하시오.
3. 된장을 풀어 한소끔 끓여내시오.

이렇게 썰기

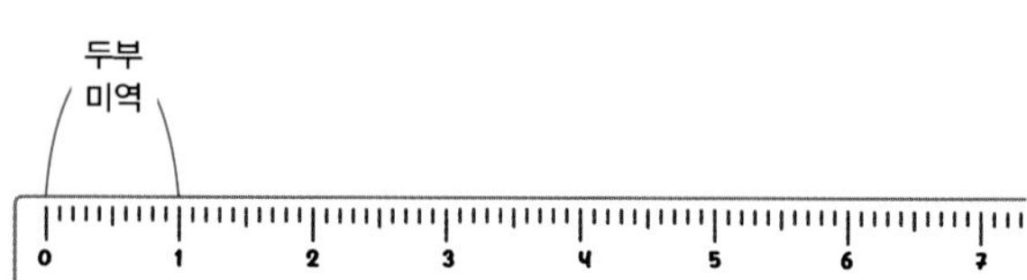

만드는 방법

다시마는 젖은 면포로 닦아서 찬물 2컵을 넣고 끓인다. 끓으면 다시마는 건지고 가다랑어포를 넣어 약한 불로 끓이거나 5분간 불을 끄고 둔다. 맛이 우러나면 면포에 걸러서 가다랑어 국물을 준비한다.

두부는 사방 1cm로 잘라서 끓는 물에 데친다.

건미역은 물에 불리고 1cm의 적당한 크기로 성형하여 끓는 물에 데친다.

실파는 송송 썬다.

가다랑어 국물에 된장 1큰술을 체에 받쳐 풀어주고 청주 1큰술을 넣어 잠깐 끓인다.

완성그릇에 두부와 미역을 담은 후, 된장국물을 붓고 산초가루와 실파를 위에 올려 제출한다.

기적의 TIP

- 두부는 깨지지 않도록 다루고, 끓는 물에 살짝 데친다.
- 일본 된장은 오래 끓이면 텁텁해진다.

대합맑은국

합격 강의

반복학습 1 2 3

조리법 국물 조리　　시험시간 20분

준비할 재료

백합조개(개당 40g 정도, 5cm 내외) 2개, 쑥갓 10g, 레몬 1/4개, 청주 5mL, 소금 10g, 국간장(진간장 대체 가능) 50mL, 건다시마(5×10cm) 1장

양념

육수 2컵, 간장 1작은술, 소금 1작은술, 청주 1큰술

요구사항

주어진 재료를 사용하여 대합맑은국을 만드시오.

1. 조개 상태를 확인한 후 해감하여 사용하시오.
2. 다시마와 백합조개를 넣어 끓으면 다시마를 건져내시오.

만드는 방법

1

쑥갓은 미리 물에 담가두고, 대합은 신선한지 두드려보고 소금물에 해감한다.

2

물 2컵에 다시마와 대합을 넣고 끓인 후, 물이 끓으면 다시마를 건져낸다.

3

대합의 입이 벌어질 때까지 끓이면서 거품을 제거한다.

4

익으면 대합은 건지고, 육수는 면포에 걸러서 청주 1큰술, 소금과 국간장은 1작은술씩 넣어서 싱거운 맛을 내고 다시 한 번 끓인다.

5

대합은 조갯살을 떼어 껍데기에 얹고, 지저분한 부분이 있으면 정리한다. 국그릇에 대합을 담고 뜨거운 국물을 담는다.

6

레몬껍질로 오리발 모양을 만들고, 쑥갓과 레몬을 장식으로 올린다.

기적의 TIP

- 다시마는 끓으면 건져서 국물이 탁해지지 않도록 한다.
- 대합은 오래 끓이면 질겨지므로 주의한다.
- 대합을 두드렸을 때 맑은 소리가 나면 신선한 것이다.

도미머리맑은국

반복학습 1 2 3

조리법 국물 조리 시험시간 30분

준비할 재료

도미 200~250g 1마리(도미 과제 중복 시 두 가지 과제에 도미 1마리 지급), 대파 10cm, 죽순 30g, 건다시마(5×10cm) 1장, 소금 20g, 국간장(진간장 대체 가능) 5mL, 레몬 1/4개, 청주 5mL

요구사항

주어진 재료를 사용하여 다음과 같이 도미머리맑은국을 만드시오.

1. 도미머리 부분을 반으로 갈라 50~60g 크기로 사용하시오[단, 도미는 머리만 사용하여야 하고, 도미 몸통(살)을 사용할 경우 실격].
2. 소금을 뿌려 놓았다가 끓는 물에 데쳐 손질하시오.
3. 다시마와 도미머리를 넣어 은근하게 국물을 만들어 간 하시오.
4. 대파의 흰 부분은 가늘게 채(시라가네기) 썰어 사용하시오.
5. 간을 하여 각 곁들일 재료를 넣고 국물을 부어 완성하시오.

만드는 방법

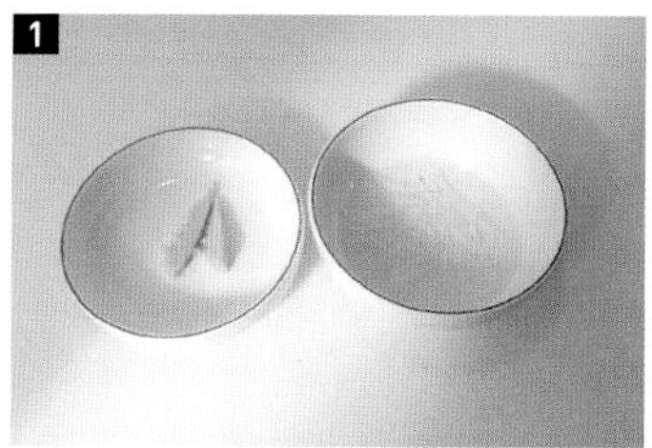

죽순은 편을 썰어 끓는 물에 데치고, 대파는 가늘게 채를 썰어서 찬물에 담근다.

도미는 머리에 있는 비늘을 제거하고, 배와 아가미 쪽에 칼집을 넣어 내장을 제거한다. 지느러미는 지저분한 부분을 정리하여 깔끔하게 만든다.

도미머리는 반을 갈라 안에 있는 내장을 정리하고, 소금을 뿌린다.

소금에 절여진 도미는 끓는 물에 살짝 데치고 찬물에 헹궈서 불순물을 제거한다.

다시마와 도미머리, 물 2컵을 넣고 약한 불로 은근하게 끓인다. 물이 끓으면 다시마는 건지고, 도미머리가 익을 때까지 끓인다. 거품을 제거하면서 국물을 맑게 한다.

다 익은 도미는 대접이나 국그릇에 담고 죽순을 곁들인다. 육수는 면포에 걸러서 청주 1큰술, 소금과 국간장은 1작은술씩 넣어서 싱거운 맛을 내고 다시 한 번 끓여서 도미에 부어낸다.

레몬껍질로 오리발을 만들고, 대파와 레몬을 장식으로 올린다.

기적의 TIP

- 몸통을 사용하면 실격이므로 도미머리만 사용하고, 내장이 터져서 지저분해지지 않도록 아가미와 배 쪽을 이용하여 제거하는 것이 좋다.
- 대파는 미리 찬물에 담가서 매운 맛을 제거한다.

도미조림

합격 강의

반복학습 1 2 3

조리법 조림 조리　　시험시간 30분

준비할 재료

도미(200~250g) 1마리, 우엉 40g, 꽈리고추 30g(2개), 통생강 30g, 흰설탕 60g, 청주 50mL, 진간장 90mL, 소금 5g, 건다시마(5×10cm) 1장, 맛술 50mL

양념장

다시(국물) 1.5컵, 간장 3큰술, 맛술 3큰술, 청주 3큰술, 설탕 3큰술

요구사항

주어진 재료를 사용하여 다음과 같이 도미조림을 만드시오.

1. 손질한 도미를 5~6cm로 자르고 머리는 반으로 갈라 소금을 뿌리시오.
2. 머리와 꼬리는 데친 후 불순물을 제거하시오.
3. 냄비에 앉혀 양념하고 오토시부타(냄비 안에 들어가는 뚜껑이나 호일)를 덮으시오.
4. 완성 후 접시에 담고 생강채(하리쇼가)와 채소를 앞쪽에 담아내시오.

이렇게 썰기

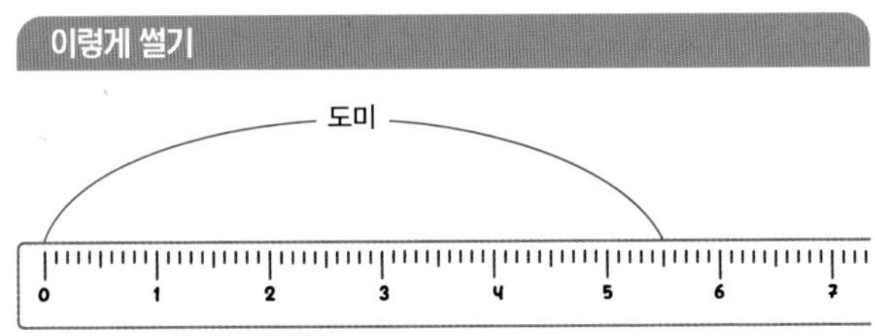

만드는 방법

다시마는 젖은 면포로 닦아서 찬물 2컵을 넣고 끓인다. 끓으면 불을 끄고 다시마를 건진다.

도미는 비늘을 꼬리에서 머리 방향으로 긁어서 제거하고, 배와 아가미 쪽에 칼집을 넣어 내장을 제거한다. 지느러미는 정리하여 깔끔하게 만든다.

머리, 몸통, 꼬리로 3등분하고, 5~6cm 크기로 자른다. 머리는 반을 가르고, 몸통과 꼬리에 ×로 칼집을 넣은 후 머리, 몸통, 꼬리에 소금을 뿌린다.

소금에 절여진 도미는 끓는 물에 살짝 데치고 찬물에 헹궈서 불순물을 제거한다.

우엉은 칼등으로 껍질을 벗기고, 4등분으로 길게 자른다. 꽈리고추는 크면 2등분, 작으면 젓가락으로 구멍을 낸다.

생강은 가늘게 채를 썰어 찬물에 담근다.

냄비에 우엉을 깔고, 그 위에 도미를 올린다. 양념장을 부어 중~강불로 끓인다. 호일을 냄비의 지름보다 작게 만들고 가운데 구멍을 뚫어 도미 위에 덮는다.

국물이 1/2컵 남았을 때 꽈리고추를 넣어 살짝 익히고, 조림장을 충분히 끓인다.

접시에 도미를 담고 도미 앞에 우엉과 꽈리고추를 담고, 생강채를 곁들인다.

기적의 TIP

- 비교적 물속에서 오랫동안 조리하는 요리이므로 도미를 세장뜨기하는 것보다 통으로 조리는 것이 생선살이 덜 부서지고, 맛의 용출이 적다.
- 국물을 중간에 끼얹어 끓여서 윤기가 나도록 하고, 타지 않게 한다.
- 오토시부타를 하면 국물이 대류해서 재료에 양념이 잘 배고, 윤기가 잘 돈다.
- 국물이 1~2큰술 남을 때까지 조려야 윤기가 나고 색이 좋다.

우동볶음(야키우동)

반복학습 1 2 3

조리법 면류 조리 시험시간 30분

준비할 재료

우동 150g, 작은새우(껍질 있는 것) 3마리, 갑오징어몸살 50g, 양파 1/8개, 숙주 80g, 생표고버섯 1개, 당근 50g, 청피망 1/2개, 가다랑어포(하나가쓰오, 고명용) 10g, 청주 30mL, 진간장 15mL, 맛술 15mL, 식용유 15mL, 참기름 5mL, 소금 5g

양념

간장 1큰술, 청주 1큰술, 맛술 1큰술

요구사항

주어진 재료를 사용하여 다음과 같이 우동볶음(야키우동)을 만드시오.

1. 새우는 껍질과 내장을 제거하고 사용하시오.
2. 오징어는 솔방울무늬로 칼집을 넣어 1cm×4cm 크기로 썰어서 데쳐 사용하시오.
3. 우동은 데쳐서 사용하고, 숙주를 제외한 나머지 채소는 4cm 길이로 썰어 사용하시오.
4. 가다랑어포(하나가쓰오)를 고명으로 얹으시오.

이렇게 썰기

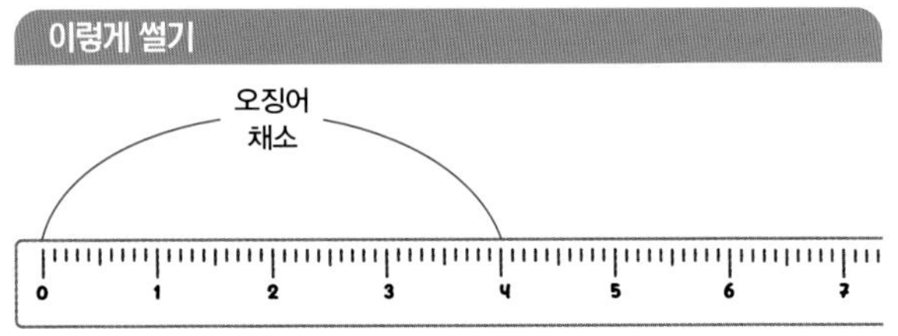

만드는 방법

1 양파, 생표고, 당근, 청피망은 4cm 길이로 채를 썬다.

2 숙주는 거두절미를 하고 끓는 물에 데쳐서 찬물에 헹군다.

3 새우는 껍질과 내장을 제거한다. 오징어는 내장과 껍질을 제거하고 내장 쪽에 가로와 세로에 격자무늬로 칼집을 넣어 솔방울 모양을 만든 후, 가로 4cm, 세로 1cm로 자른다. 오징어와 새우는 끓는 물에 데쳐 찬물에 헹군다.

4 끓는 물에 우동을 살짝 데쳐서 찬물에 헹군다.

5 팬에 식용유를 두르고 양파, 당근, 표고, 숙주, 새우, 오징어, 우동, 피망 순서로 볶은 후, 간장, 청주, 맛술 1큰술씩 넣어 양념한다. 잘 섞이면 참기름을 넣고 접시에 담는다.

6 가다랑어포를 얹어 제출한다.

기적의 TIP

- 데칠 때 깨끗한 것부터 데치면 시간을 줄일 수 있다. 숙주는 데치기를 생략할 수 있다.
- 육수용 가다랑어포와 다르게 더 얇고 고운 가다랑어포가 나온다. 뿌려서 고명으로 쓰는 가다랑어포를 용도에 맞게 사용한다.

메밀국수(자루소바)

반복학습 1 2 3

조리법 면류 조리　　시험시간 30분

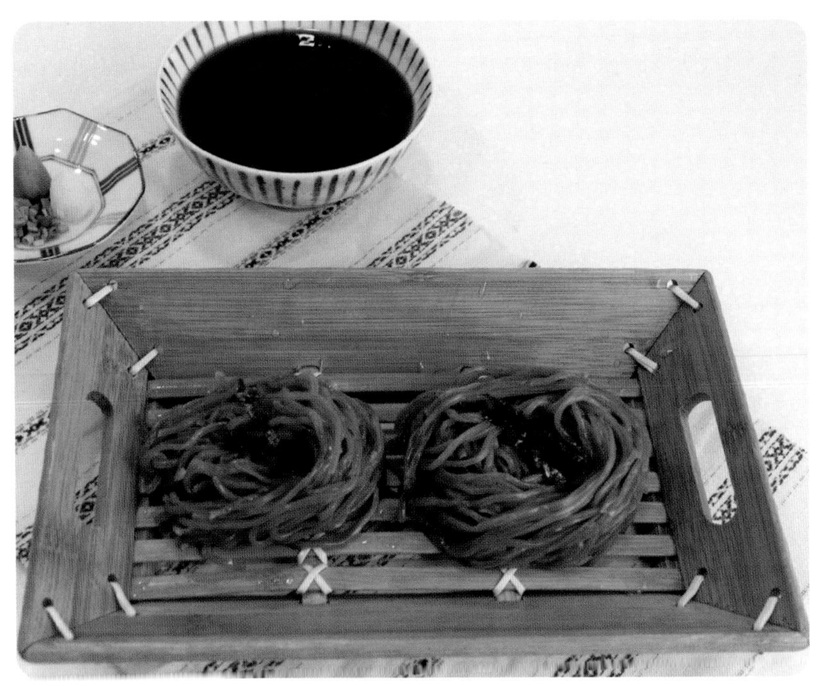

준비할 재료

메밀국수(생면, 건면 100g 대체 가능) 150g, 무 60g, 실파 40g, 김 1/2장, 고추냉이(와사비분) 10g, 가다랑어포(가쓰오부시) 10g, 건다시마(5x10cm) 1장, 진간장 50mL, 흰설탕 25g, 청주 15mL, 맛술 10mL, 각얼음 200g

소바다시

가다랑어 국물 1/2컵, 간장 3큰술, 청수 1큰술, 설탕 1큰술, 맛술 1큰술

요구사항

주어진 재료를 사용하여 다음과 같이 메밀국수(자루소바)를 만드시오.

1. 소바다시를 만들어 얼음으로 차게 식히시오.
2. 메밀국수는 삶아 얼음으로 차게 식혀서 사용하시오.
3. 메밀국수는 접시에 김발을 펴서 그 위에 올려내시오.
4. 김은 가늘게 채 썰어(하리노리) 메밀국수에 얹어 내시오.
5. 메밀국수, 양념(야꾸미), 소바다시를 각각 따로 담아내시오.

만드는 방법

1 다시마는 젖은 면포로 닦아서 찬물 1컵 미만을 넣고 끓인다. 끓으면 다시마는 건지고 가다랑어포를 넣어 약한 불로 끓이거나 5분간 불을 끄고 둔다. 맛이 우러나면 면포에 걸러서 가다랑어 국물을 준비한다.

2 가다랑어 국물 1/2컵, 간장 3큰술, 청주 1큰술, 설탕 1큰술, 맛술 1큰술을 넣어 끓인 후, 얼음물에 중탕하여 차게 식힌다.

3 무는 강판에 갈아서 물에 씻어 매운 맛을 없애고 물기를 제거한다. 실파는 송송 썰고, 고추냉이는 찬물에 개어서 매운 맛을 낸다.

4 김은 구워서 가늘게 채를 썬다.

5 끓는 물에 메밀국수를 삶아서 얼음물에 식혀 쫄깃하게 하고, 사리를 틀어 김발 위에 담는다.

6 메밀국수 위에 채 썬 김을 올리고, 소바다시와 양념을 곁들여 제출한다.

기적의 TIP

- 얼음을 소바다시 식힐 때와 면을 헹굴 때로 나누어 사용한다.
- 제출할 것이 많을 때는 도마나 쟁반에 담아 한 번에 제출한다.

소고기덮밥

반복학습 1 2 3

조리법 밥류 조리 시험시간 30분

준비할 재료

소고기(등심) 60g, 양파 1/3개, 실파 20g, 팽이버섯 10g, 달걀 1개, 김 1/4장, 흰설탕 10g, 진간장 15mL, 건다시마(5x10cm) 1장, 맛술 15mL, 소금 2g, 뜨거운 밥 120g, 가다랑어포(가쓰오부시) 10g

돈부리다시

가다랑어 국물 6큰술, 맛술 1큰술, 간장 1큰술, 설탕 1작은술, 소금 조금

요구사항

주어진 재료를 사용하여 다음과 같이 소고기덮밥을 만드시오.

1. 덮밥용 양념간장(돈부리다시)을 만들어 사용하시오.
2. 고기, 채소, 달걀은 재료 특성에 맞게 조리하여 준비한 밥 위에 올려놓으시오.
3. 김을 구워 칼로 잘게 썰어(하리노리) 사용하시오.

만드는 방법

1 다시마는 젖은 면포로 닦아서 찬물 1/2컵을 넣고 끓인다. 끓으면 다시마는 건지고 가다랑어포를 넣어 약한 불로 끓이거나 5분간 불을 끄고 둔다. 맛이 우러나면 면포에 걸러서 식힌다.

2 가다랑어 국물(가쓰오다시) 6큰술, 맛술 1큰술, 간장 1큰술, 설탕 1작은술, 소금 조금을 섞는다.

3 양파는 채를 썰고, 팽이와 실파는 3~4cm 정도로 썬다. 김은 구워서 채를 썬다.

4 소고기는 얇게 편을 썬다.

5 달걀은 알끈을 제거하고 가볍게 푼다.

6 돈부리다시를 끓여 소고기를 익힌다. 겉면이 익으면 양파, 팽이, 실파 순서로 넣고 달걀을 풀어 재료들이 엉기게 한다. 달걀은 반숙으로 익힌다.

7 달걀과 재료들의 모양을 그대로 살려 밥 위에 담고, 채 썬 김을 올린다.

기적의 TIP

- 달걀을 넣고 나서 오래 끓이거나 뒤섞으면 채소의 모양이 흐트러지므로 주의한다.
- 소고기덮밥은 작은 사이즈의 냄비나 팬에 만드는 것이 모양이 잘 나온다.

문어초회

합격 강의

반복학습 1 2 3

조리법 초회 조리 시험시간 20분

준비할 재료

문어다리(생문어 80g 정도) 1개, 건미역 5g, 레몬 1/4개, 오이(가늘고 곧은 것, 20cm 정도) 1/2개, 소금 10g, 식초 30mL, 건다시마(5×10cm) 1장, 진간장 20mL, 흰설탕 10g, 가다랑어포(가쓰오부시) 5g

양념초간장(도사스)

간장 1큰술, 식초 1큰술, 설탕 1/2큰술, 가다랑어 국물 3큰술

요구사항

주어진 재료를 사용하여 다음과 같이 문어초회를 만드시오.

1. 가다랑어 국물을 만들어 양념초간장(도사스)을 만드시오.
2. 문어는 삶아 4~5cm 길이로 물결모양썰기(하조기리)를 하시오.
3. 미역은 손질하여 4~5cm 크기로 사용하시오.
4. 오이는 둥글게 썰거나 줄무늬(자바라)썰기하여 사용하시오.
5. 문어초회 접시에 오이와 문어를 담고 양념초간장(도사스)을 끼얹어 레몬으로 장식하시오.

이렇게 썰기

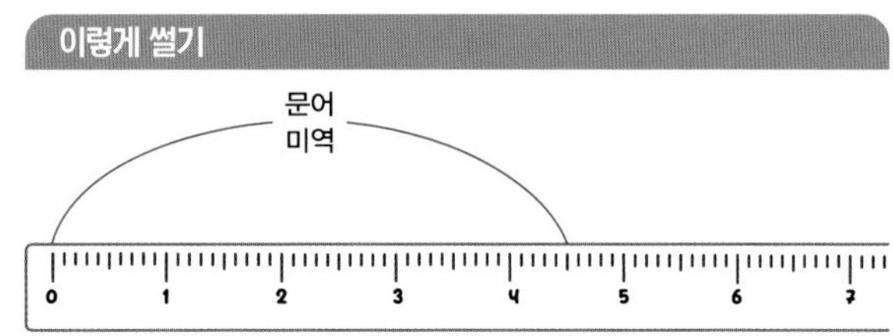

만드는 방법

1

다시마는 젖은 면포로 닦아서 찬물 1/2컵을 넣고 끓인다. 끓으면 다시마는 건지고 가다랑어포를 넣어 약한 불로 끓이거나 5분간 불을 끄고 둔다. 맛이 우러나면 면포에 걸러서 가다랑어 국물을 준비한다.

2

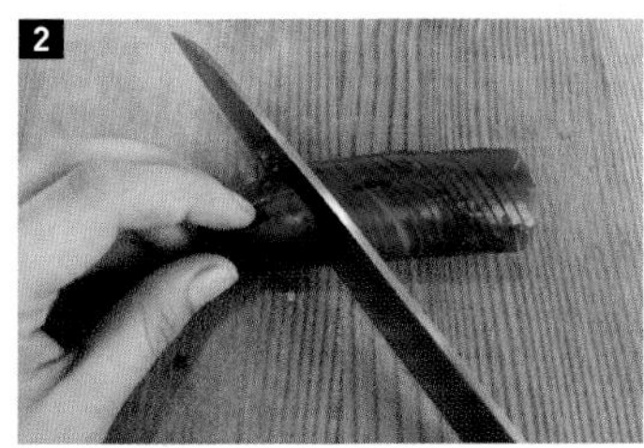

오이는 양쪽으로 반 이상 칼집을 어슷하게 깊게 넣어서 스프링처럼 늘어나도록 한다. 소금물에 10분 이상 절인 후 씻어서 4cm 정도로 썬다.

3

미역은 물에 불린 후, 부드럽게 불어나면 끓는 물에 데친다. 김발에 돌돌 말아 물기를 제거하고 4~5cm로 썬다.

4

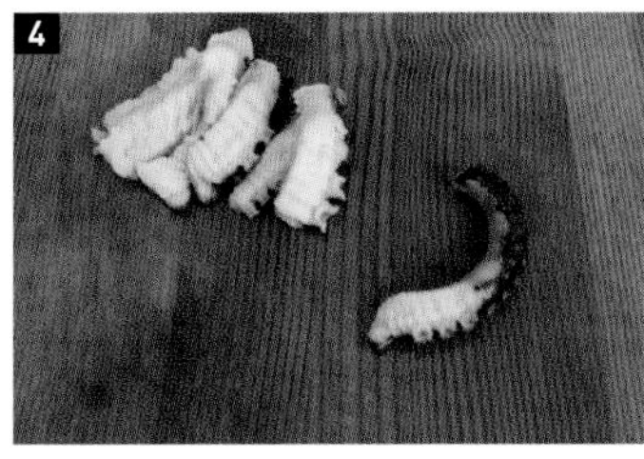

문어는 간장, 소금, 식초를 넣고 살짝 데쳐서 식힌다. 빨판 옆에 칼집을 넣고 껍질을 제거한 후, 칼을 비벼가면서 물결무늬를 만든다.

5

간장 1큰술, 식초 1큰술, 설탕 1/2큰술, 가다랑어 국물 3큰술을 넣어 설탕이 녹을 정도로만 끓이고, 식혀서 양념초간장(도사스)을 만든다.

6

레몬은 반달 모양으로 얇게 썬다. 그릇에 미역과 자바라 오이를 뒤쪽에 놓고 문어를 앞쪽에 담은 후, 양념초간장을 뿌려 제출한다.

기적의 TIP

- 문어는 오래 삶으면 질겨질 수 있으므로 단단할 정도로만 삶아주고, 식은 후 썰어야 잘 썰린다.
- 문어초회 양념장은 끓인 후 식혀서 만들고, 해삼초회는 설탕이 들어가지 않고 끓이지도 않는다.

해삼초회

반복학습 1 2 3

조리법 초회 조리　　시험시간 20분

준비할 재료

해삼 100g, 오이(가늘고 곧은 것, 20cm 정도) 1/2개, 건미역 5g, 실파 20g, 무 20g, 레몬 1/4개, 소금 5g, 건다시마(5×10cm) 1장, 가다랑어포(가쓰오부시) 10g, 식초 15mL, 진간장 15mL, 고춧가루(고운 것) 5g

초간장(폰즈)

가다랑어 국물 1큰술, 간장 1큰술, 식초 1큰술

요구사항

주어진 재료를 사용하여 다음과 같은 해삼 초회를 만드시오.

1. 오이를 둥글게 썰거나 줄무늬(자바라)썰기하여 사용하시오.
2. 미역을 손질하여 4~5cm로 써시오.
3. 해삼은 내장과 모래가 없도록 손질하고 힘줄(스지)을 제거하시오.
4. 빨간 무즙(아까오로시)과 실파를 준비하시오.
5. 초간장(폰즈)을 끼얹어 내시오.

이렇게 썰기

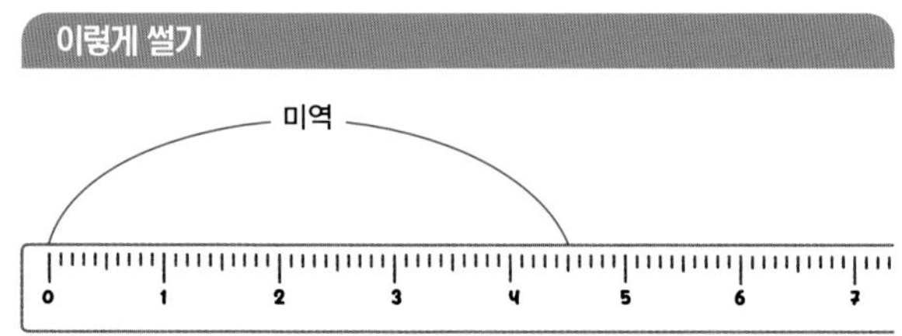

만드는 방법

1 다시마는 젖은 면포로 닦아서 찬물 1/2컵을 넣고 끓인다. 끓으면 다시마는 건지고 가다랑어포를 넣어 약한 불로 끓이거나 5분간 불을 끄고 둔다. 맛이 우러나면 면포에 걸러서 가다랑어 국물을 준비한다.

2 해삼은 연한 소금물에 담가 둔다.

3 오이는 양쪽으로 반 이상 칼집을 어슷하게 깊게 넣어서 스프링처럼 늘어나도록 한다. 소금물에 10분 이상 절인 후 씻어서 4cm 정도로 썬다.

4 미역은 물에 불린 후, 부드럽게 불어나면 끓는 물에 데친다. 김발에 돌돌 말아 물기를 제거하고 4~5cm로 썬다.

5 해삼은 배를 갈라서 내장과 힘줄을 제거하고 끝에 항문을 자른다. 한입 크기로 자른다.

6 레몬은 반달 모양으로 얇게 썰고, 실파는 송송 썬다. 무는 강판에 갈아서 수분을 제거하고, 고춧가루는 체에 내려 고운 고춧가루를 만든 후 무와 함께 섞는다. 그릇에 미역, 자바라 오이를 뒤쪽에 놓고 해삼을 앞쪽에 담은 후, 옆에 폰즈, 모미지오로시, 실파를 곁들인다. 간장, 식초, 가다랑어 국물을 1큰술씩 넣어 초간장을 만들어 곁들여 제출한다.

기적의 TIP

- 해삼은 생해삼, 물해삼이라고 하는 것이 지급되고, 받으면 연한 소금물에 담가 싱싱하게 해야 한다. 해삼은 제출 직전, 먹기 직전에 손질해야 신선도를 유지할 수 있다.
- 자바라 오이를 만들 때 칼집을 얕게 넣으면 오이가 늘어나지 않고, 깊게 넣으면 끊어질 수 있다.

달걀찜

반복학습 1 2 3

조리법 찜 조리 시험시간 30분

준비할 재료

달걀 1개, 새우(6~7cm) 1마리, 판어묵 15g, 생표고버섯 1/2개, 밤 1/2개, 가다랑어포(가쓰오부시) 10g, 닭고기살 20g, 은행 2개, 흰생선살 20g, 쑥갓 10g, 진간장 10mL, 소금 5g, 청주 10mL, 레몬 1/4개, 죽순 10g, 건다시마(5x10cm) 1장, 이쑤시개 1개, 맛술 10mL

달걀찜 양념

가다랑어 국물 5~6큰술, 소금 조금, 맛술 1작은술, 청주 1작은술

요구사항

주어진 재료를 사용하여 다음과 같이 달걀찜을 만드시오.

1. 은행은 삶고, 밤은 구워서 사용하시오.
2. 간장으로 밑간한 닭고기와 나머지 재료는 1cm 크기로 썰어 데쳐서 사용하시오.
3. 가다랑어포로 다시(국물)를 만들어 식혀서 달걀과 섞으시오.
4. 레몬껍질과 쑥갓을 올려 마무리하시오.

이렇게 썰기

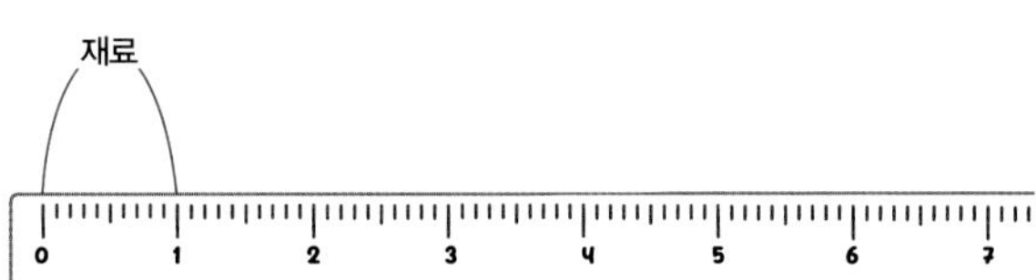

만드는 방법

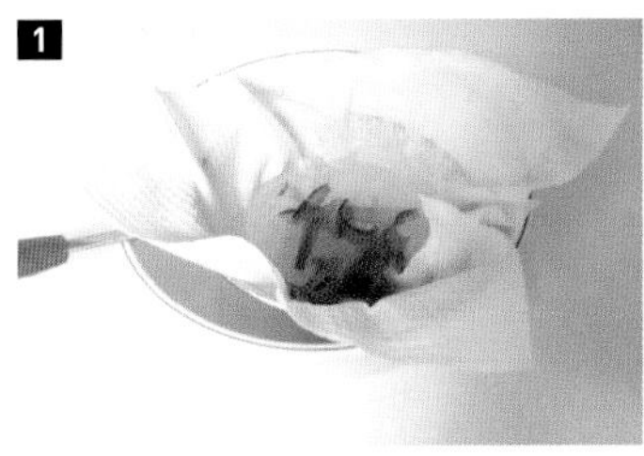

다시마는 젖은 면포로 닦아서 찬물 1/2컵을 넣고 끓인다. 끓으면 다시마는 건지고 가다랑어포를 넣어 약한 불로 끓이거나 5분간 불을 끄고 둔다. 맛이 우러나면 면포에 걸러서 식힌다.

흰생선살은 1cm의 정육면체로 썰어서 소금을 뿌려두고, 닭고기는 사방 1cm로 썰어서 간장을 뿌려둔다. 새우는 내장을 제거한다.

물을 끓이고 은행, 죽순, 새우, 흰생선살, 닭고기를 모두 데친 후 찬물에 헹군다. 은행은 뜨거울 때 껍질을 벗기고 죽순은 사방 1cm로 썬다.

생표고버섯은 사방 1cm로 썰거나 작은 꽃 모양으로 만들고, 꽃어묵은 사방 1cm로 썬다.

밤은 쇠꼬챙이에 꽂아 직화로 굽고 찬물에 헹군다. 그리고 사방 1cm로 자른다.

달걀, 가쓰오다시(국물) 5~6큰술, 소금 조금, 맛술과 청주는 1작은술씩 섞고 체에 내린 후, 거품을 제거한다.

찜기 그릇에 재료를 담고 중탕으로 12~15분 정도 약한 불로 찐다. 뚜껑은 면포나 행주로 감싸 물이 떨어지지 않도록 한다.

레몬껍질로 오리발을 만들고, 달걀찜 위에 쑥갓과 레몬을 장식으로 올린다.

기적의 TIP

- 데친 재료를 지나치게 많이 넣거나 수분을 제거하지 않으면 달걀찜이 지저분하게 나온다.
- 가다랑어 국물이 뜨거우면 달걀이 익으므로 반드시 식혀서 사용한다.
- 달걀찜을 강한 불로 찌거나 오래 찌면 부풀거나 가라앉는다.

도미술찜

합격 강의

반복학습 1 2 3

조리법 찜 조리　　시험시간 30분

준비할 재료

도미 200~250g 1마리, 배추 50g, 무 50g, 당근 60g, 판두부 50g, 죽순 20g, 건다시마(5×10cm) 1장, 생표고버섯 1개, 쑥갓 20g, 소금 5g, 청주 30mL, 고춧가루 2g, 실파 1뿌리, 진간장 30mL, 식초 30mL, 레몬 1/4개

양념(야꾸미)

다시(국물) 1큰술, 청주 1큰술, 소금 조금

요구사항

주어진 재료를 사용하여 다음과 같이 도미술찜을 만드시오.

1. 머리는 반으로 자르고, 몸통은 세장뜨기 하시오.
2. 손질한 도미살을 5~6cm로 자르고 소금을 뿌려, 머리와 꼬리는 데친 후 불순물을 제거하시오.
3. 청주를 섞은 다시(국물)에 쪄내시오.
4. 당근은 매화꽃, 무는 은행잎 모양으로 만들어 익혀내시오.
5. 초간장(폰즈)과 양념(야꾸미)을 만들어 내시오.

이렇게 썰기

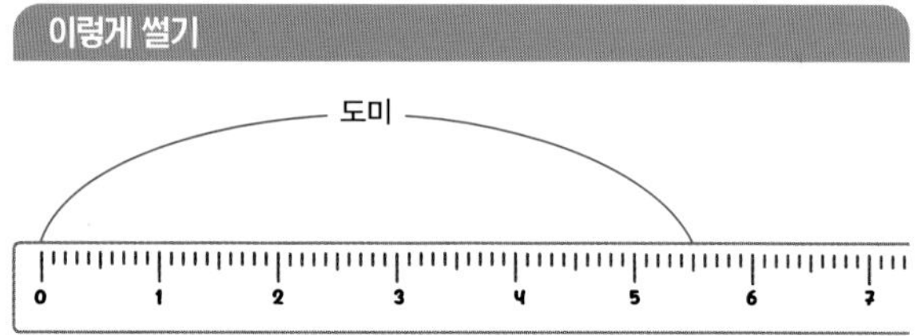

만드는 방법

1

다시마는 젖은 면포로 닦아서 찬물 1/2컵을 넣고 끓인다. 물이 끓으면 불을 끄고 다시마를 건진다.

2

도미의 비늘은 꼬리에서 머리 방향으로 긁어서 제거하고, 배와 아가미 쪽에 칼집을 넣어 내장을 제거한다. 지느러미는 정리하여 깔끔하게 만든다.

3

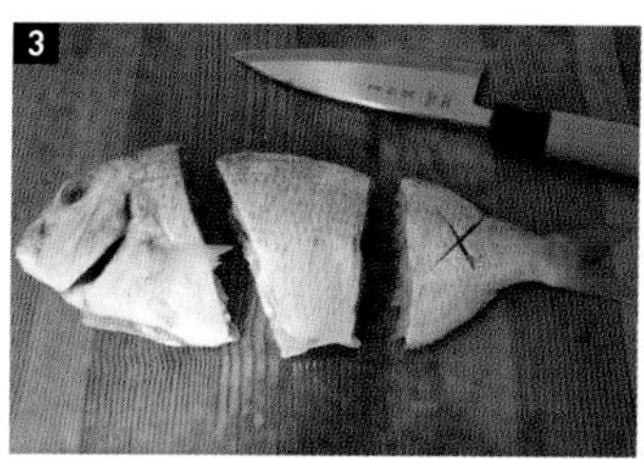

머리, 몸통, 꼬리를 5~6cm 크기로 3등분한 후, 머리는 반을 가르고 몸통은 세장뜨기를 한다. 몸통살과 꼬리에 ×로 칼집을 넣고 머리, 몸통, 꼬리에 소금을 뿌린다.

4

소금에 절여진 도미는 끓는 물에 살짝 데치고 찬물에 헹궈서 불순물을 제거한다.

5

무는 은행잎 모양으로, 당근은 매화꽃 모양으로 만든다. 무, 당근, 배추, 쑥갓, 죽순은 데친다.

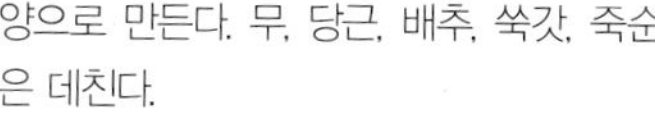

▶ 무 은행잎은 p.2-20 / 당근 매화는 p.2-19 참고

6

김발에 배춧잎을 깔고 쑥갓을 놓고 말아서 물기를 짠다. 어슷하게 잘라서 기둥 모양으로 세워둔다. 죽순은 빗살무늬가 있으면 그 모양을 살려서 편을 썬다.

7

표고는 별 모양으로 칼집을 내고, 두부는 3~4cm의 사각형 모양으로 썬다.

8

작은 그릇에 배추, 무, 당근, 두부는 뒤에, 죽순, 당근, 표고, 도미는 앞에 배치한다.

9

다시(국물) 1큰술, 청주 1큰술, 소금 조금을 넣어 냄비에 중탕하여 약~중불로 10분에서 15분 정도 찐다. 냄비 뚜껑을 행주로 감싸 수분이 떨어지지 않도록 한다. 다 익은 후에는 쑥갓을 꽂아 장식을 한다.

10

레몬은 반달 모양으로 얇게 3개 썰고, 실파는 송송 썬다. 무는 강판에 갈아서 수분을 제거하고, 고춧가루는 체에 내려 고운 고춧가루를 만든 후 무와 함께 섞는다. 간장, 식초, 다시(국물)를 1큰술씩 넣어 초간장(폰즈)을 만든 후, 곁들여 제출한다.

기적의 TIP

- 수증기로 찌는 요리이므로 도미를 세장뜨기하여 익히면 더 빠르게 익힐 수 있다.
- 도미를 먼저 손질하여 소금을 뿌려두고 데쳐야 삼투압작용으로 살이 풀어지지 않는다.

김초밥

합격 강의

반복학습 1 2 3

조리법 롤 초밥 조리 시험시간 25분

준비할 재료

김(초밥김) 1장, 뜨거운 밥 200g, 달걀 2개, 박고지 10g, 통생강 30g, 청차조기잎(시소, 깻잎으로 대체 가능) 1장, 오이(가늘고 곧은 것, 20cm 정도) 1/4개, 오보로 10g, 식초 70mL, 흰설탕 50g, 소금 20g, 식용유 10mL, 진간장 20mL, 맛술 10mL

초밥초(스시스)

식초 3큰술, 설탕 2큰술, 소금 1작은술

박고지 조림장

물 1/2컵, 간장 1큰술, 설탕 1큰술, 맛술 1큰술

달걀말이

소금 1/2작은술, 맛술 1작은술

요구사항

주어진 재료를 사용하여 다음과 같이 김초밥을 만드시오.

1. 박고지, 달걀말이, 오이 등 김초밥 속재료를 만드시오.
2. 초밥초를 만들어 밥에 간하여 식히시오.
3. 김초밥은 일정한 두께와 크기로 8등분하여 담으시오.
4. 간장을 곁들여 제출하시오.

만드는 방법

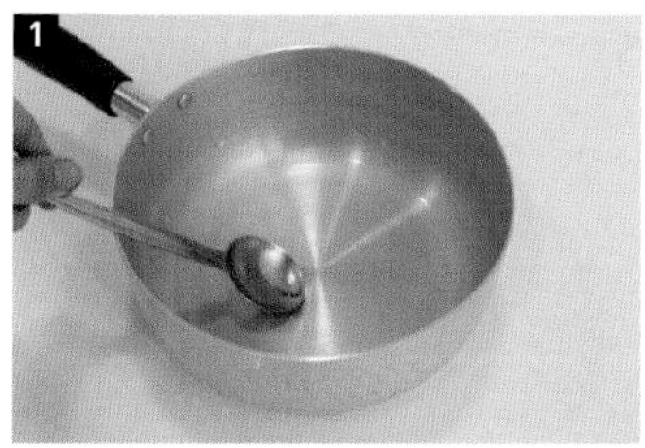

냄비에 식초 3큰술, 설탕 2큰술, 소금 1작은술을 넣고, 설탕이 녹을 정도로 살짝 끓여 초밥초를 만든다.

밥에 초밥초를 섞어서 간을 하고 젖은 면포나 랩을 씌워 덮어놓는다.

생강은 편을 썰어서 끓는 물에 데치고, 초밥초에 담근다.

박고지는 따뜻한 물에 불려서 부드럽게 하고, 부드러워지면 물 1/2컵, 간장 1큰술, 설탕 1큰술, 맛술 1큰술을 넣어 중불 이하로 은근히 조린다.

오이는 1cm 정도의 두께로 김의 길이에 맞게 썰고 씨 부분을 제거한 후, 소금에 절인다.

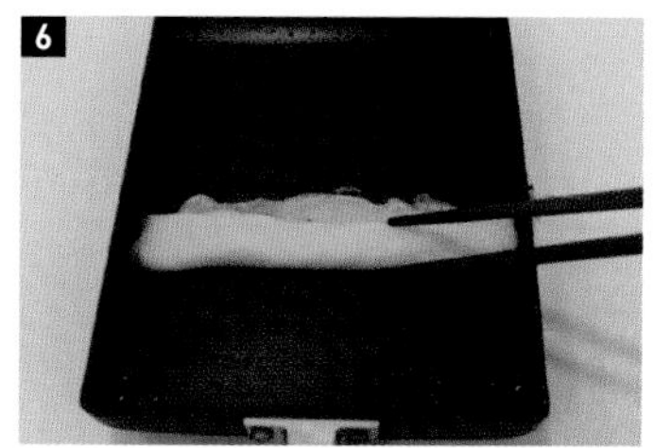

달걀은 소금 1/2작은술, 맛술 1작은술을 넣고 잘 풀어서 체에 내린다. 팬에 기름을 두르고 달걀말이를 폭 1cm 정도가 되도록 만든다.

김을 살짝 굽고 김 위에 초밥을 김의 3/4 정도 깐다. 그 위에 오보로, 달걀말이, 박고지, 오이를 올려서 재료가 가운데에 오도록 만다. 재료가 튀어나온 양쪽 끝을 정리하고, 8~10등분한다.

청차조기잎 위에 김초밥을 놓고 초생강을 곁들인다. 간장은 종지그릇에 따로 제출한다.

기적의 TIP

- 김초밥은 재료 손질에 비하여 시간이 비교적 짧은 메뉴이다. 시험장에서는 불을 한 개만 사용할 수 있으므로 효율적으로 사용해야 한다(초밥초 끓이기 → 데칠 것(생강 데치기, 박고지 불리기) → 박고지 조림 → 달걀말이).
- 밥 가운데에 속 재료들이 오게 하고, 김초밥을 말 때 재료들을 한 번에 감싸줘야 재료들이 가운데에 올 수 있다.

생선초밥

합격 강의

반복학습 1 2 3

조리법 롤 초밥 조리 시험시간 40분

준비할 재료

참치살(아까미) 30g(붉은색 참치살), 광어살(3×8cm 이상, 껍질 있는 것) 50g, 새우(30~40g) 1마리, 학꽁치(꽁치, 전어 대체 가능) 1/2마리, 도미살 30g, 문어(삶은 것) 5g, 뜨거운 밥 200g, 청차조기잎(시소, 깻잎으로 대체 가능) 1장, 통생강 30g, 고추냉이(와사비분) 20g, 식초 70mL, 흰설탕 50g, 소금 20g, 진간장 20mL, 대꼬챙이(10~15cm) 1개

초밥초(스시스)

식초 3큰술, 설탕 2큰술, 소금 1작은술

문어 삶는 물

간장 1큰술, 식초 1큰술, 소금 1작은술

요구사항

주어진 재료를 사용하여 다음과 같이 생선초밥을 만드시오.

1. 각 생선류와 채소를 초밥용으로 손질하시오.
2. 초밥초(스시스)를 만들어 밥에 간하여 식히시오.
3. 곁들일 초생강을 만드시오.
4. 쥔초밥(니기리스시)을 만드시오.
5. 생선초밥은 6종류 8개를 만들어 제출하시오.
6. 간장을 곁들어 내시오.

만드는 방법

냄비에 식초 3큰술, 설탕 2큰술, 소금 1작은술을 넣고, 설탕이 녹을 정도로 살짝 끓인다. 밥에 초밥초를 섞어서 간을 하고 젖은 면포나 랩을 씌워 덮어놓는다.

생강은 편을 썰어서 끓는 물에 데치고, 초밥초에 담근다.

참치는 연한 소금물에 담가 해동을 하고, 해동이 되면 면포로 감싼다.

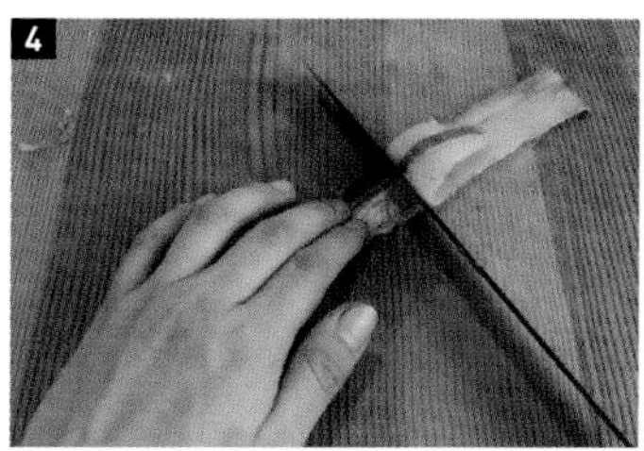

학꽁치는 머리와 내장을 제거하고, 3장뜨기를 한다. 잔가시와 지저분한 부분을 제거한 후, 껍질을 벗겨 둔다. 광어살과 도미는 껍질을 벗기고 면포로 감싼다.

새우는 내장을 제거하고 꼬치를 등 쪽에 꽂아 끓는 물에 데친다. 껍질을 벗기고 배 쪽에 칼집을 넣어 펼쳐서 초밥용 새우를 만든다.

문어는 소금, 식초, 간장을 넣고 살짝 데쳐서 식힌다. 빨판 옆에 칼집을 넣어 껍질을 제거하고, 칼을 비벼가면서 물결무늬를 만든다.

와사비는 찬물에 개어서 매운 맛이 나게 한다.

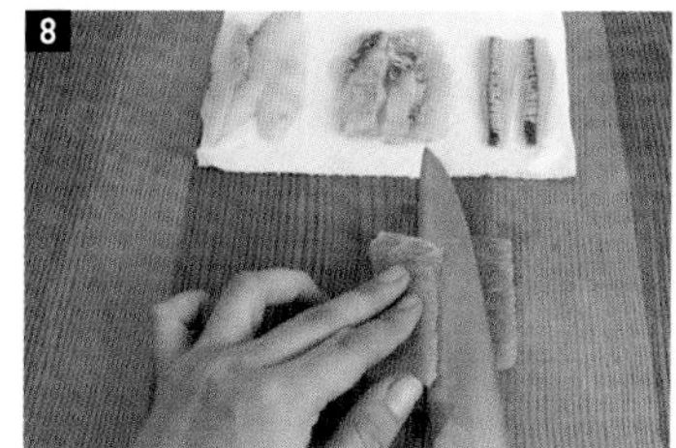

면포에 싸 둔 참치는 1cm 두께로 썰고, 도미와 광어는 어슷하게 저며 길이 7~8cm, 너비는 3cm 정도로 썬다. 학꽁치는 등 쪽에 칼집을 넣는다.

오른손으로 밥을 풀어지지 않게 가볍게 쥐고, 왼손에 생선을 올린다. 오른손 검지에 와사비를 묻혀 생선에 바르고, 그 위에 밥을 올린다. 엄지와 중지로 밥을 살짝 눌러 고정시킨다.

접시에 청차조기잎(깻잎)을 깔고, 그 위에 생강을 올린다. 만든 초밥은 6종류 8개를 채워 어슷하게 일정한 모양으로 올리고, 간장을 곁들여 제출한다.

기적의 TIP

- 생선의 내장, 지느러미, 가시, 뼈 등을 손질할 때 위생에 신경 써야 한다.
- 생선을 종류별로 하나씩 놓고 양이 비교적 많이 나온 것을 더 담아 6종류 8개를 꼭 제출한다.

참치김초밥

합격 강의

반복학습 1 2 3

조리법 롤 초밥 조리　　시험시간 20분

준비할 재료

참치살(아까미) 100g(붉은색 참치살), 고추냉이(와사비분) 15g, 청차조기잎(시소, 깻잎으로 대체 가능), 김(초밥김) 1장, 뜨거운 밥 120g, 통생강 20g, 식초 70mL, 흰설탕 50g, 소금 20g, 진간장 10mL

초밥초(스시스)

식초 3큰술, 설탕 2큰술, 소금 1작은술

요구사항

주어진 재료를 사용하여 참치김초밥을 만드시오.

1. 김을 반 장으로 자르고, 눅눅하거나 구워지지 않은 김은 구워 사용하시오.
2. 고추냉이와 초생강을 만드시오.
3. 초밥 2줄은 일정한 크기 12개로 잘라 내시오.
4. 간장을 곁들여 내시오.

만드는 방법

냄비에 식초 3큰술, 설탕 2큰술, 소금 1작은술을 넣고, 설탕이 녹을 정도로 살짝 끓여 초밥초를 만든다.

밥에 초밥초를 섞어서 간을 하고 젖은 면포나 랩을 씌워 덮어놓는다.

생강은 편을 썰어서 끓는 물에 데치고, 초밥초에 담근다.

참치는 소금물에 담가서 해동을 하고, 해동이 된 참치는 행주에 감싸서 수분을 제거한다. 그리고 사방 1cm 두께, 길이는 김 길이로 썬다.

고추냉이 가루는 찬물에 개어서 덩어리지게 만든다.

김은 살짝 굽고, 반으로 자른 뒤 김 위에 초밥을 깐다. 초밥 위에 와사비를 바르고, 그 위에 참치를 올린 후, 참치가 중앙에 오도록 만다. 같은 방법으로 나머지 하나도 말아준다.

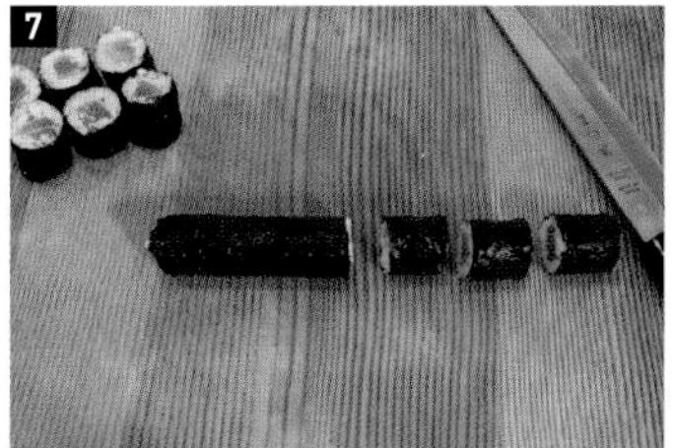

12개를 제출할 수 있도록 같은 길이로 썬다.

청차조기잎 위에 참치김초밥을 놓고, 초생강을 곁들인다. 간장은 종지그릇에 따로 제출한다.

기적의 TIP

- 초밥초를 생강과 밥에 사용해야 하므로 한군데에 다 넣지 않도록 한다.
- 밥이 뜨거울 때 초밥초를 섞는 것이 좋으므로 시험 때에는 시작과 동시에 초밥을 준비하는 것이 좋다.
- 참치가 해동이 덜 되면 부서지고 맛이 나쁘므로, 시작할 때 해동해두는 것이 좋다.
- 개수가 모자라면 실격이므로, 개수는 요구사항대로 꼭 지켜내야 한다.

삼치소금구이

반복학습 1 2 3

조리법 구이 조리 시험시간 30분

준비할 재료

삼치(400~450g) 1/2마리, 레몬 1/4개, 깻잎 1장, 소금 30g, 무 50g, 우엉 60g, 식용유 10mL, 식초 30mL, 건다시마(5×10cm) 1장, 진간장 30mL, 흰설탕 30g, 청주 15mL, 흰참깨 2g, 쇠꼬챙이(30cm 정도) 3개, 맛술 10mL

무 초절임

식초 2큰술, 설탕 1큰술, 물 2큰술, 소금 소금

우엉 조림장

다시물 1/2컵 , 간장 1큰술, 설탕 1큰술, 청주 1큰술, 맛술 1작은술

요구사항

주어진 재료를 사용하여 다음과 같이 삼치구이를 만드시오.

1. 삼치는 세장뜨기한 후 소금을 뿌려 10~20분 후 씻고 쇠꼬챙이에 끼워 구워내시오.
2. 채소는 각각 초담금 및 조림을 하시오.
3. 구이 그릇에 삼치소금구이와 곁들임을 담아 완성하시오.
4. 길이 10cm 크기로 2조각을 제출하시오.

만드는 방법

다시마는 젖은 면포로 닦아서 찬물 1/2컵을 넣고 끓인다.

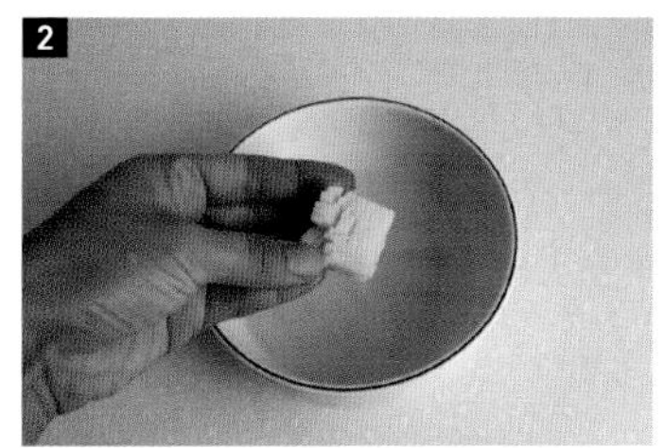

무는 3×3cm 정육면체 모양으로 자르고 2/3깊이로 잘게 가로, 세로로 잔 칼집을 넣는다. 식초 2큰술, 설탕 1큰술, 물 2큰술, 소금 조금을 넣고 절인다.

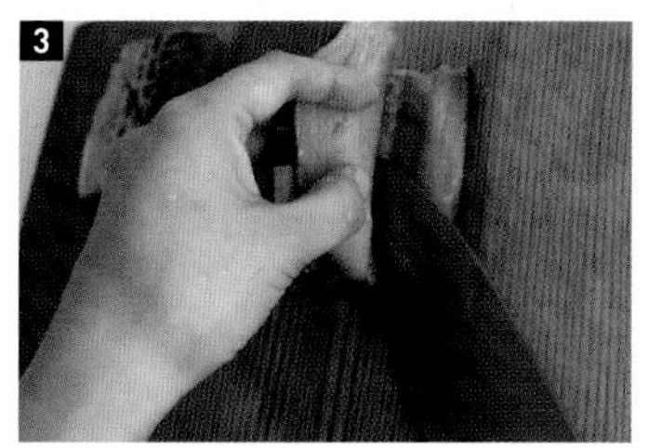

삼치는 머리를 자르고 내장을 제거한 후, 지저분한 부분을 가볍게 씻는다. 몸통은 세장뜨기를 해서 살 2장, 뼈 1장으로 바르고, 길이 10cm 정도 2조각으로 만든다. 껍질 쪽에는 ×로 칼집을 넣고 소금을 뿌려 10~20분간 절인다.

절여진 삼치는 씻어서 수분을 제거한 후, 꼬챙이 세 개를 꽂고 삼치에 소금을 조금 뿌린다. 직화로 양면을 중불로 익힌다.

우엉은 나무젓가락 두께 정도로 4등분 자르고 길이는 4~5cm로 한다. 식용유를 조금 두르고 우엉을 볶다가 다시물 1/2컵, 간장 1큰술, 설탕 1큰술, 청주 1큰술, 맛술 1작은술을 넣어 조리고 조려진 우엉 한쪽에 흰깨를 묻힌다.

레몬은 웨지형으로 자르고, 일부는 껍질 부분을 다져서 초절임 무 위에 뿌린다.

깻잎을 깔고 삼치를 놓고, 우엉, 무, 레몬으로 장식을 한다.

기적의 TIP

- 무는 미리 절여서 칼집이 잘 벌어지도록 한다.
- 삼치는 몸통, 꼬리 부분 중의 한 부분을 받을 수 있으므로 모두 성형하는 방법을 알아두도록 한다.
- 쇠꼬챙이에 끼울 때 기름칠을 하면 코팅이 되어 삼치가 부서지지 않고 잘 떨어진다.
- 우엉조림을 할 때 타지 않도록 주의하고 윤기가 나게 조린다.

소고기간장구이

반복학습 1 2 3

조리법 구이 조리　　시험시간 20분

준비할 재료

소고기(등심) 160g, 건다시마(5x10cm) 1장, 통생강 30g, 검은후춧가루 5g, 진간장 50mL, 산초가루 3g, 청주 50mL, 소금 20g, 식용유 100mL, 흰설탕 30g, 맛술 50mL, 깻잎 1장

양념간장(다래)

다시(국물) 4큰술, 간장 2큰술, 설탕 2큰술, 청주 2큰술, 맛술 2큰술

요구사항

주어진 재료를 사용하여 다음과 같이 소고기간장구이를 만드시오.

1. 양념간장(다래)과 생강채(하리쇼가)를 준비하시오.
2. 소고기를 두께 1.5cm, 길이 3cm로 자르시오.
3. 프라이팬에 구이를 한 다음 양념간장(다래)을 발라 완성하시오.

이렇게 썰기

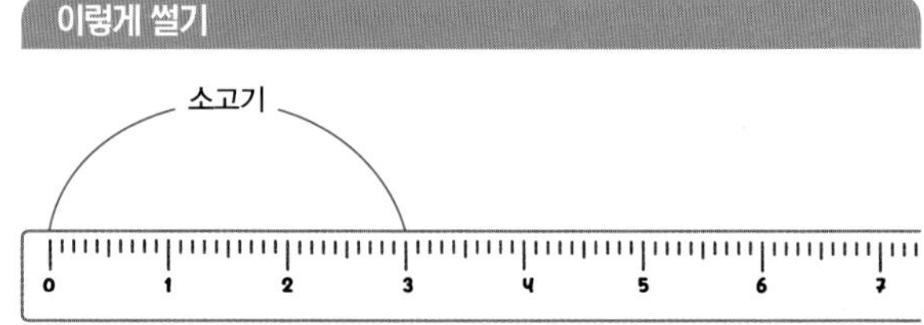

만드는 방법

1

다시마는 젖은 면포로 닦아서 찬물 1/2컵을 넣고 끓인다.

2

다시(국물) 4큰술, 간장 2큰술, 설탕 2큰술, 청주 2큰술, 맛술 2큰술을 넣고 끈적하게 조린다.

3

생강은 가늘게 채를 썰어서 찬물에 담근다.

4

소고기는 1.5cm 두께가 나오도록 1.2cm 정도 두께로 맞추고, 앞뒤로 칼등으로 두드려 연육을 한다. 그리고 소금, 후춧가루를 뿌려서 밑간을 한다.

5

팬에 식용유를 두르고 소고기를 강한 불로 굽는다. 불을 약하게 줄이고 양념간장을 조금씩 넣어가면서 미디움으로 익힌다.

6

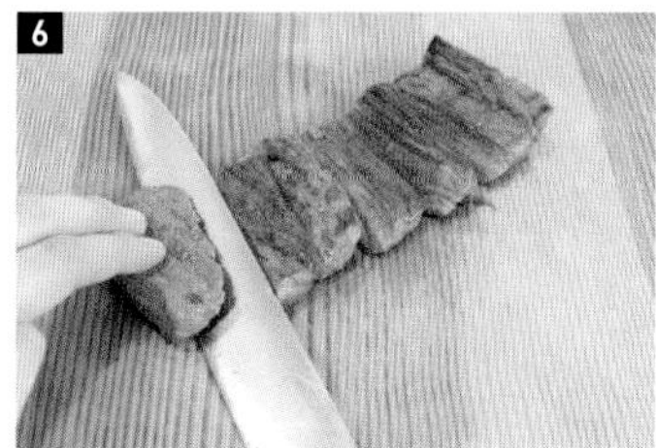

익은 고기는 저며서 길이가 3cm 되도록 자른다.

7

접시에 깻잎을 깔고 소고기를 올리고, 그 위에 산초가루를 뿌린다. 생강채는 물기를 빼고 옆에 장식으로 올린다.

기적의 TIP

- 양념간장(다래)을 만들 때 타지 않게 주의한다.
- 고기는 익으면서 두꺼워지므로 원하는 두께보다 얇게 포를 떠야 한다.
- 고기는 살짝 핏기가 보일 정도로 익히고, 양념간장(다래)을 넣을 때는 불을 약하게 해야 타지 않는다.

전복버터구이

▶ 합격 강의

반복학습 1 2 3

조리법 구이 조리　　시험시간 25분

준비할 재료

전복(2마리, 껍질 포함) 150g, 양파 1/2개, 청피망 1/2개, 청주 20mL, 은행 5개, 버터 20g, 검은 후춧가루 2g, 소금 40g, 식용유 30mL, 청차조기잎(시소, 깻잎으로 대체 가능) 1장

요구사항

주어진 재료를 사용하여 다음과 같이 전복버터구이를 만드시오.

1. 전복은 껍질과 내장을 분리하고 칼집을 넣어 한입 크기로 어슷하게 써시오.
2. 내장은 모래주머니를 제거하고 데쳐 사용하시오.
3. 채소는 전복의 크기로 써시오.
4. 은행은 속껍질을 벗겨 사용하시오.

만드는 방법

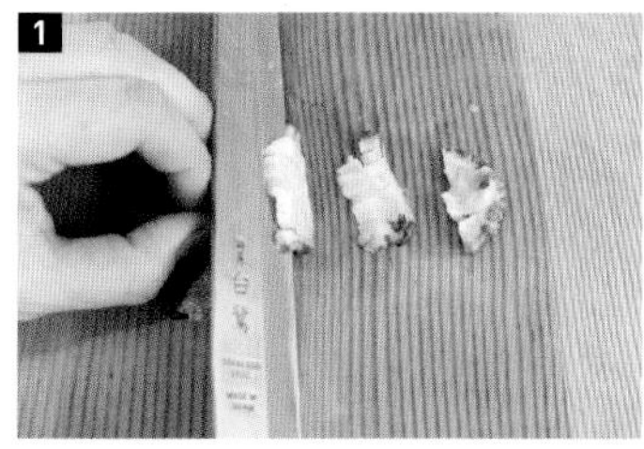

1 전복은 깨끗하게 씻고, 수저를 이용해서 껍질을 벗긴다. 내장은 분리해둔 후, 전복에 세로로 잔칼집을 넣고 칼집을 넣은 반대 방향으로 어슷하게 썬다.

2 전복의 내장은 모래주머니를 제거하고 청주, 소금을 넣은 끓는 물에 데친다.

3 양파, 피망은 전복 크기와 비슷하게 썬다.

4 은행은 기름에 볶거나 데쳐서 껍질을 제거한다.

5 식용유를 두르고 양파, 전복, 내장 순서로 볶고 청주를 넣어 비린내를 없앤다. 은행, 피망, 버터, 소금, 후춧가루를 순서대로 넣어 색이 변하지 않게 한다.

기적의 TIP

- 전복을 손질할 때 껍질 부분에 손이 다치지 않게 조심하고, 칼집은 동그랗게 튀어나온 부분에 넣는다. 내장이 터지지 않게 손질한다.
- 피망은 색이 갈변되지 않도록 나중에 볶고, 버터는 처음부터 넣으면 재료가 타므로 나중에 넣어 향을 낸다.

달걀말이

합격 강의

반복학습 1 2 3

조리법 구이 조리　시험시간 25분

준비할 재료

달걀 6개, 흰설탕 20g, 건다시마(5x10cm) 1장, 소금 10g, 식용유 50mL, 가다랑어포(가쓰오부시) 10g, 맛술 20mL, 무 100g, 진간장 30mL, 청차조기잎(시소, 깻잎으로 대체 가능) 2장

달걀 양념

소금 1작은술, 설탕 1큰술, 맛술 1큰술, 가다랑어 국물 3큰술

요구사항

주어진 재료를 사용하여 다음과 같이 달걀말이를 만드시오.

1. 달걀과 가다랑어 국물(가쓰오다시), 소금, 설탕, 맛술(미림)을 섞은 후 체에 걸러 사용하시오.
2. 젓가락을 사용하여 달걀말이를 한 후 김발을 이용하여 사각 모양을 만드시오(단, 달걀을 말 때 주걱이나 손을 사용할 경우 감점).
3. 길이 8cm, 높이 2.5cm, 두께 1cm 정도로 썰어 8개를 만들고, 완성되었을 때 틈새가 없도록 하시오.
4. 달걀말이(다시마끼)와 간장무즙을 접시에 보기 좋게 담아내시오.

만드는 방법

다시마는 젖은 면포로 닦아서 찬물 1/2컵을 넣고 끓인다. 끓으면 다시마는 건지고 가다랑어포를 넣어 약한 불로 끓이거나 5분간 불을 끄고 둔다. 맛이 우러나면 면포에 걸러서 식힌다.

달걀 6개에 소금 1작은술, 설탕 1큰술, 맛술 1큰술, 가다랑어 국물 3큰술 넣고 잘 섞어 체에 내린다.

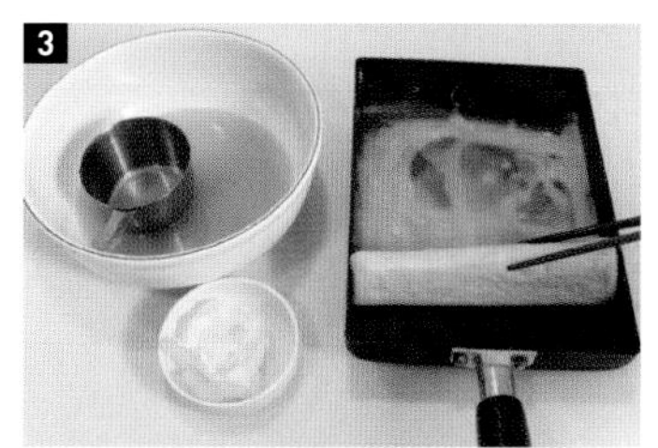

팬을 잘 코팅시키고, 기름을 조금 두른 후 체에 내린 달걀을 한 국자씩 넣고 젓가락을 이용해서 만다. 가장자리에 말은 달걀을 놓고 팬에 달걀물을 넓게 펼쳐서 돌돌 말아 달걀 크기를 크게 한다. 달걀을 다 사용할 때까지 반복한다.

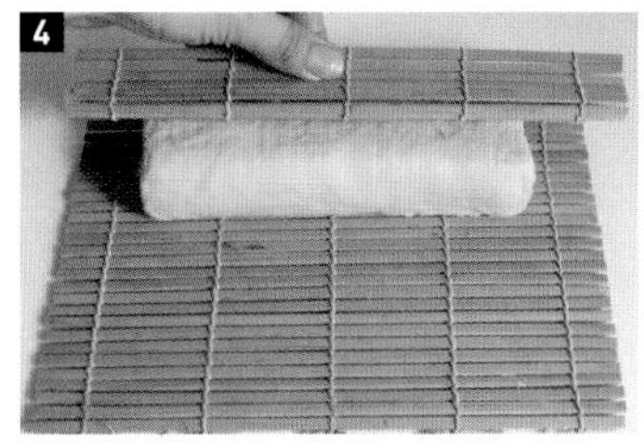

다 말은 달걀말이는 김발을 이용하여 사각 모양을 만들어 단단하게 굳히고, 길이 8cm, 높이 2.5cm, 두께 1cm 정도로 썰어 8개를 만든다.

무는 강판에 갈아서 무즙을 만들고, 간장을 첨가하거나, 간장 위에 무즙을 올린다.

청차조기잎(깻잎) 위에 달걀말이를 깔고, 무즙을 곁들여 제출한다.

기적의 TIP

- 달걀말이는 능숙하게 젓가락으로만 말 수 있도록 연습해야 한다.
- 달걀이 덜 익었을 때 말면 잘 찢어지고, 오래 익힌 후 말면 틈새가 생긴다.
- 달걀말이를 처음 접을 때 5cm 이상으로 접어야 나중에 8cm로 만들어진다.

수고가 많지 않은 자에게,
인생은 혜택을 베풀지 않는다.

호라티우스(Horatius)

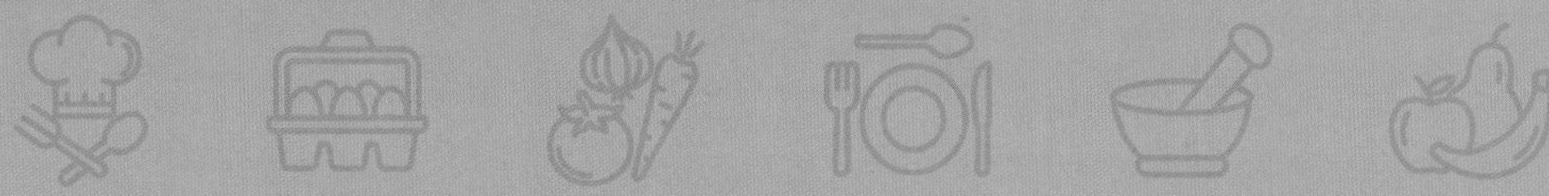

복어조리기능사 실기 공개문제

복어메뉴 계획에 따라 식재료를 선정, 구매, 검수, 보관 및 저장하며 맛과 영양을 고려하여 안전하고 위생적으로 음식을 조리하고 조리기구와 시설관리를 수행하는 직무이다.

복어 세척과 지느러미 분리

합격 강의

반복학습 1 2 3

조리법 복어 손질 시험시간 조리작업 전체 55분

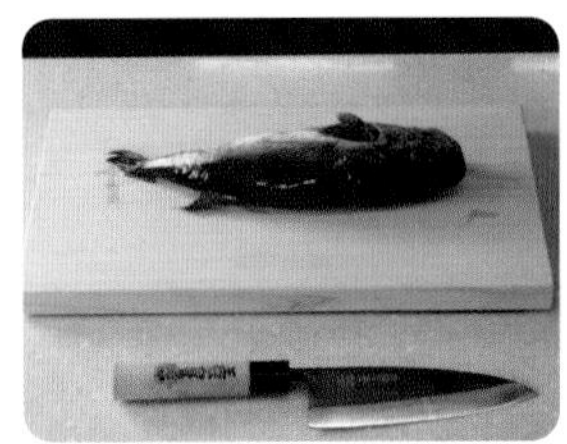

준비할 재료

복어 700g 1마리

요구사항

위생과 안전에 유의하고, 지급된 재료 및 시설을 이용하여 아래 작업을 완성하시오.

가. [1과제] 제시된 복어 부위별 사진을 보고 1분 이내에 부위별 명칭을 답안지의 네모칸 안에 작성하여 제출하시오.

▶복어 부위 감별은 p.2-21 참고

나. [2과제] 소제와 제독작업을 철저히 하여 복어회, 복어껍질초회, 복어죽을 만드시오.

1. 복어의 겉껍질과 속껍질을 분리하여 손질하고 가시는 제거하시오.
2. 회는 얇게 포를 떠 국화꽃 모양으로 돌려 담고, 지느러미·껍질·미나리를 곁들이고, 초간장(폰즈)과 양념(야쿠미)을 따로 담아내시오.
3. 복어껍질초회는 껍질, 미나리를 4cm 길이로 썰어 폰즈, 실파·빨간무즙(모미지오로시)을 사용하여 무쳐내시오.
4. 죽은 밥을 씻어 사용하고, 살은 가늘게 채 썰거나 뼈에 붙은 살을 발라내어 사용하고, 당근 · 표고버섯은 다지고, 뼈와 다시마로 다시를 만들고, 달걀은 완성 전에 넣어 섞어주고, 실파와 채 썬 김을 얹어 완성하시오.

만드는 방법

1 복어 지느러미의 수, 배가 터진 곳은 없는지, 안구는 2개가 있는지 확인한다. 이상이 있으면 시험 전 교환을 받도록 한다.
복어를 흐르는 물로 씻어 이물질을 제거하고, 깨끗한 행주로 물기를 제거한다.

2 데바로 등, 배 지느러미는 꼬리에서 머리방향으로 잘라 제거하고 불가식 접시에 놓는다.

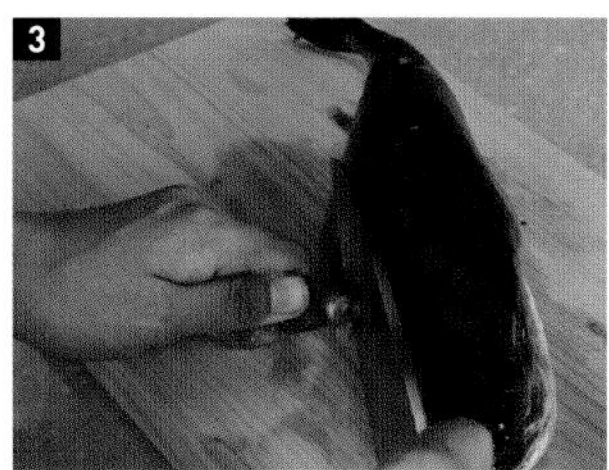

3 양옆 지느러미는 등에서 배 방향으로 자른다.

4 점액질이 있는 경우 소금으로 문질러 잡고, 소금으로 문질러 씻는다.

5 양옆 지느러미는 끝에 칼집을 넣어 더듬이를 만들어 물기 없는 그릇에 펼쳐 말린다.

기적의 TIP

도구 세팅

- 가식 접시, 불가식 접시를 나눠 사용하고, 그릇에 피나 물이 없도록 한다.
- 가식 접시에는 횟감, 얇은 막 데칠 것, 복어 껍질을 놓도록 하고, 불가식 접시에는 내장, 안구, 사용하지 않는 지느러미를 놓고 분리한다.
- 육수를 끓일 뼈는 미리 찬물을 받아놓고 중간에 물을 갈아 핏물이 나오지 않도록 한다.
- 지느러미는 말릴 수 있게 물기 없는 그릇을 준비한다.

복어의 입 분리

합격 강의

반복학습 1 2 3

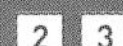

조리법 복어 손질 시험시간 조리작업 전체 55분

준비할 재료

복어 700g 1마리

요구사항

위생과 안전에 유의하고, 지급된 재료 및 시설을 이용하여 아래 작업을 완성하시오.

가. [1과제] 제시된 복어 부위별 사진을 보고 1분 이내에 부위별 명칭을 답안지의 네모칸 안에 작성하여 제출하시오.

▶복어 부위 감별은 p.2-21 참고

나. [2과제] 소제와 제독작업을 철저히 하여 복어회, 복어껍질초회, 복어죽을 만드시오.

1. 복어의 겉껍질과 속껍질을 분리하여 손질하고 가시는 제거하시오.
2. 회는 얇게 포를 떠 국화꽃 모양으로 돌려 담고, 지느러미·껍질·미나리를 곁들이고, 초간장(폰즈)과 양념(야쿠미)을 따로 담아내시오.
3. 복어껍질초회는 껍질, 미나리를 4cm 길이로 썰어 폰즈, 실파·빨간무즙(모미지오로시)을 사용하여 무쳐내시오.
4. 죽은 밥을 씻어 사용하고, 살은 가늘게 채 썰거나 뼈에 붙은 살을 발라내어 사용하고, 당근 · 표고버섯은 다지고, 뼈와 다시마로 다시를 만들고, 달걀은 완성 전에 넣어 섞어주고, 실파와 채 썬 김을 얹어 완성하시오.

만드는 방법

왼손으로 복어의 몸통을 잡고 데바로 코 앞쪽을 1/3정도 자른다.

칼의 윗날과 아랫날로 혀 옆쪽 뼈를 자른다.

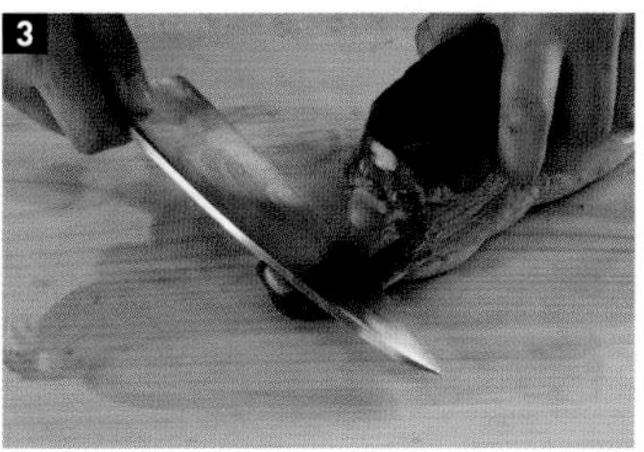

칼로 자른 부위를 벌려 혀가 잘리지 않게 확인하며 혀 아래쪽으로 칼을 넣어 입을 잘라 찬물에 담근다.

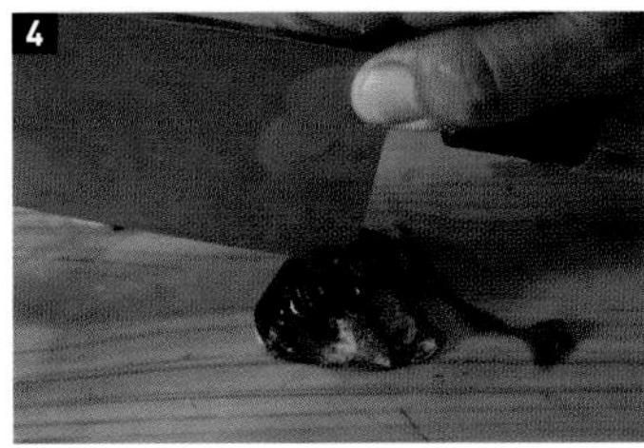

점액질이 있는 경우 칼의 아랫날로 긁어 제거하고 이빨은 반으로 잘라 물속에 담근다.

기적의 TIP

- 복어의 이빨은 크고 매우 강하므로 주의해야 한다.
- 입을 제거하는 과정에서 복어의 혀 부분이 같이 잘리지 않도록 해야 한다.

복어의 껍질 부위 분리

반복학습 1 2 3

조리법 복어 손질　　시험시간 조리작업 전체 55분

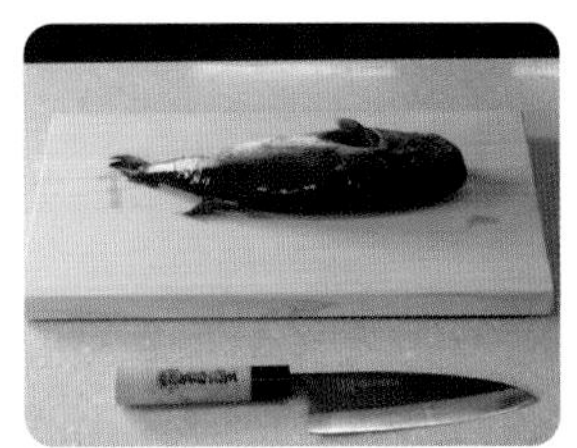

준비할 재료

복어 700g 1마리

요구사항

위생과 안전에 유의하고, 지급된 재료 및 시설을 이용하여 아래 작업을 완성하시오.

가. [1과제] 제시된 복어 부위별 사진을 보고 1분 이내에 부위별 명칭을 답안지의 네모칸 안에 작성하여 제출하시오.

▶복어 부위 감별은 p.2-21 참고

나. [2과제] 소제와 제독작업을 철저히 하여 복어회, 복어껍질초회, 복어죽을 만드시오.

1. 복어의 겉껍질과 속껍질을 분리하여 손질하고 가시는 제거하시오.
2. 회는 얇게 포를 떠 국화꽃 모양으로 돌려 담고, 지느러미·껍질·미나리를 곁들이고, 초간장(폰즈)과 양념(야쿠미)을 따로 담아내시오.
3. 복어껍질초회는 껍질, 미나리를 4cm 길이로 썰어 폰즈, 실파·빨간무즙(모미지오로시)을 사용하여 무쳐내시오.
4. 죽은 밥을 씻어 사용하고, 살은 가늘게 채 썰거나 뼈에 붙은 살을 발라내어 사용하고, 당근·표고버섯은 다지고, 뼈와 다시마로 다시를 만들고, 달걀은 완성 전에 넣어 섞어주고, 실파와 채 썬 김을 얹어 완성하시오.

만드는 방법

밀복

복어를 옆으로 눕혀놓고 머리 쪽 옆 지느러미 부분에서 입 쪽으로 칼집을 넣는다.

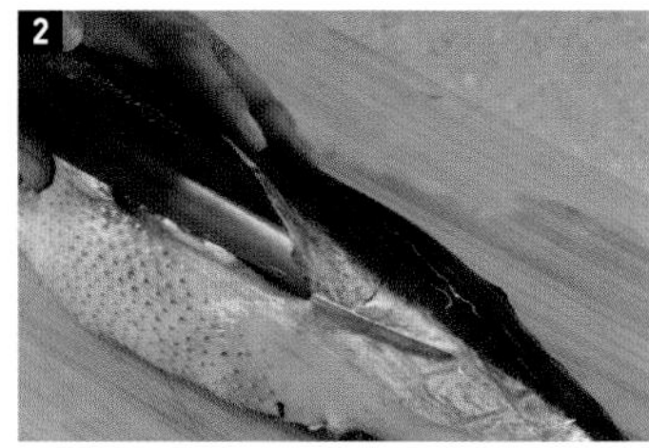

왼손으로 머리를 껍질까지 당겨서 잡고 칼날이 바깥쪽으로 향하게 해서, 옆 지느러미 부분에서 꼬리 부분까지 칼집을 넣는다.

껍질 꼬리 부분에 칼집을 넣어 껍질을 자른다.

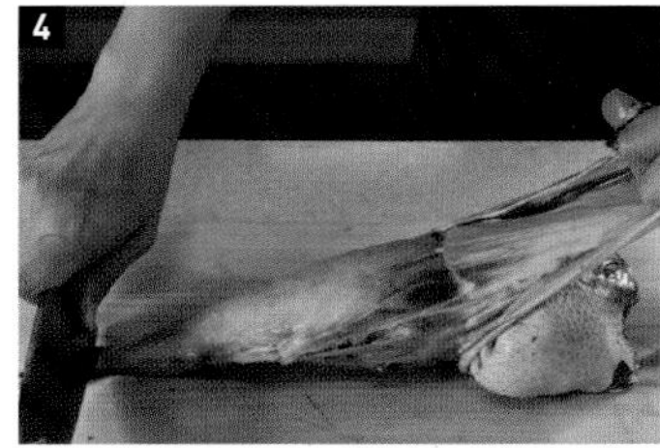

꼬리 쪽 지느러미를 칼로 눌러 잡고 다른 손으로 껍질을 잡아당겨 분리한다.

껍질은 속껍질과 겉껍질이 잘 분리되고, 가시 밀기도 잘되도록 가식 부위 접시에 놓고 약간의 물을 담아 놓는다.

까치복

복어를 옆으로 눕혀놓고 머리 쪽 옆 지느러미 부분에서 입 쪽으로 칼집을 넣는다.

왼손으로 머리를 껍질까지 당겨서 잡고 칼날이 바깥쪽으로 향하게 해서, 옆 지느러미 부분에서 꼬리 부분까지 칼집을 넣는다. 반대 방향에도 똑같이 칼집을 넣는다.

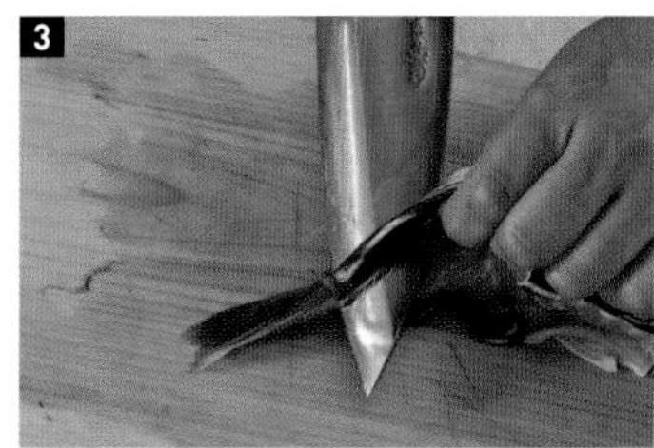

껍질 꼬리 부분에 칼집을 넣어 껍질을 자른다.

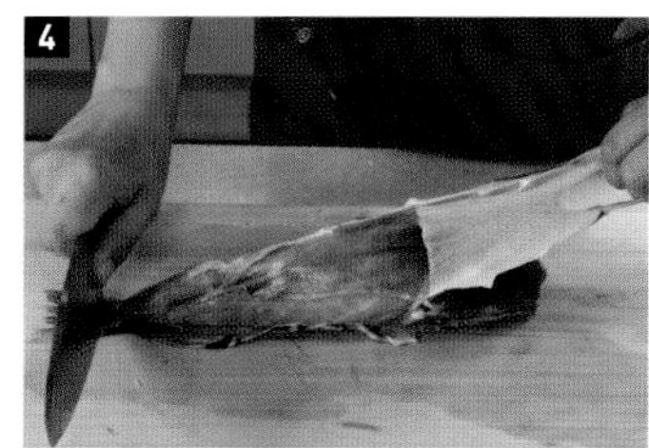

꼬리 쪽 지느러미를 칼로 누르고 다른 손으로 등 쪽 껍질을 잡아당겨 분리한다. 그리고 배 쪽 껍질을 당겨 분리한다.

기적의 TIP

- 큰 복어나 껍질이 두꺼운 까치복의 경우는 양쪽에 칼집을 넣는다.
- 껍질이 분리가 안 될 때는 칼날로 긁어가며 분리한다.

복어의 안구 제거

합격 강의

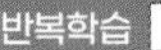

반복학습 1 2 3

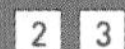

조리법 복어 손질　시험시간 조리작업 전체 55분

준비할 재료

복어 700g 1마리

요구사항

위생과 안전에 유의하고, 지급된 재료 및 시설을 이용하여 아래 작업을 완성하시오.

가. [1과제] 제시된 복어 부위별 사진을 보고 1분 이내에 부위별 명칭을 답안지의 네모칸 안에 작성하여 제출하시오.

▶복어 부위 감별은 p.2-21 참고

나. [2과제] 소제와 제독작업을 철저히 하여 복어회, 복어껍질초회, 복어죽을 만드시오.

1. 복어의 겉껍질과 속껍질을 분리하여 손질하고 가시는 제거하시오.
2. 회는 얇게 포를 떠 국화꽃 모양으로 돌려 담고, 지느러미·껍질·미나리를 곁들이고, 초간장(폰즈)과 양념(야쿠미)을 따로 담아내시오.
3. 복어껍질초회는 껍질, 미나리를 4cm 길이로 썰어 폰즈, 실파·빨간무즙(모미지오로시)을 사용하여 무쳐내시오.
4. 죽은 밥을 씻어 사용하고, 살은 가늘게 채 썰거나 뼈에 붙은 살을 발라내어 사용하고, 당근·표고버섯은 다지고, 뼈와 다시마로 다시를 만들고, 달걀은 완성 전에 넣어 섞어주고, 실파와 채 썬 김을 얹어 완성하시오.

만드는 방법

눈알 안쪽으로 신경을 잘라 분리한다.

도마에서 눈알이 터지지 않도록 유의하며 자르고 불가식 부위 그릇에 놓는다.

기적의 TIP

- 까치복은 안구가 작고 막으로 감싸져 있으므로 안구가 터지지 않도록 유의한다.
- 안구는 내장을 분리하고 제거해도 괜찮다.

복어의 머리·몸통 부위와 아가미 살·내장 부위 분리

합격 강의

반복학습 1 2 3

조리법 복어 손질 시험시간 조리작업 전체 55분

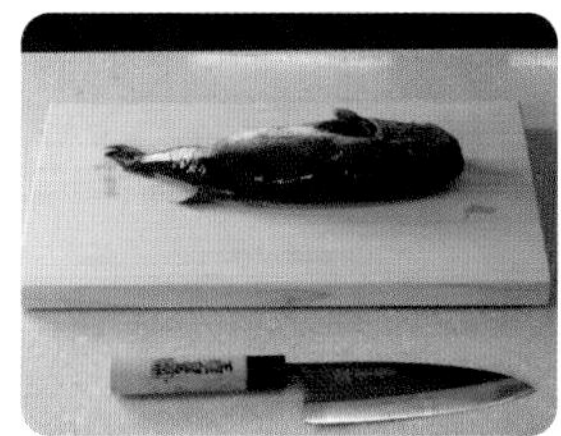

준비할 재료

복어 700g 1마리

요구사항

위생과 안전에 유의하고, 지급된 재료 및 시설을 이용하여 아래 작업을 완성하시오.

가. [1과제] 제시된 복어 부위별 사진을 보고 1분 이내에 부위별 명칭을 답안지의 네모칸 안에 작성하여 제출하시오.

▶복어 부위 감별은 p.2–21 참고

나. [2과제] 소제와 제독작업을 철저히 하여 복어회, 복어껍질초회, 복어죽을 만드시오.

1. 복어의 겉껍질과 속껍질을 분리하여 손질하고 가시는 제거하시오.
2. 회는 얇게 포를 떠 국화꽃 모양으로 돌려 담고, 지느러미·껍질·미나리를 곁들이고, 초간장(폰즈)과 양념(야쿠미)을 따로 담아내시오.
3. 복어껍질초회는 껍질, 미나리를 4cm 길이로 썰어 폰즈, 실파·빨간무즙(모미지오로시)을 사용하여 무쳐내시오.
4. 죽은 밥을 씻어 사용하고, 살은 가늘게 채 썰거나 뼈에 붙은 살을 발라내어 사용하고, 당근·표고버섯은 다지고, 뼈와 다시마로 다시를 만들고, 달걀은 완성 전에 넣어 섞어주고, 실파와 채 썬 김을 얹어 완성하시오.

만드는 방법

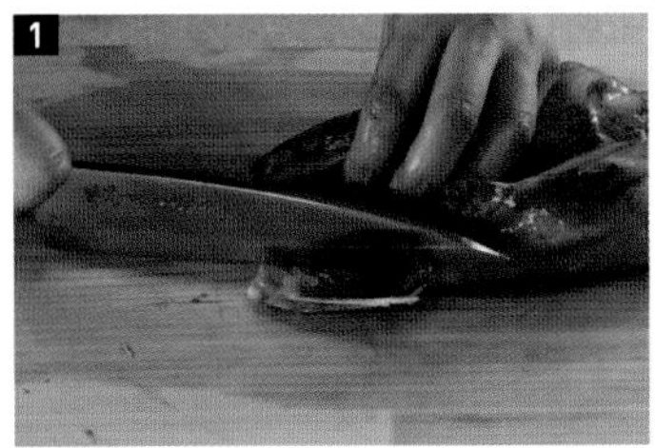

머리뼈와 아가미 사이에 칼집을 넣는다.

갈빗대와 살 사이에 칼집을 넣는다.

머리와 갈빗대 연결 부위를 자른다. 양쪽을 똑같이 분리한다.

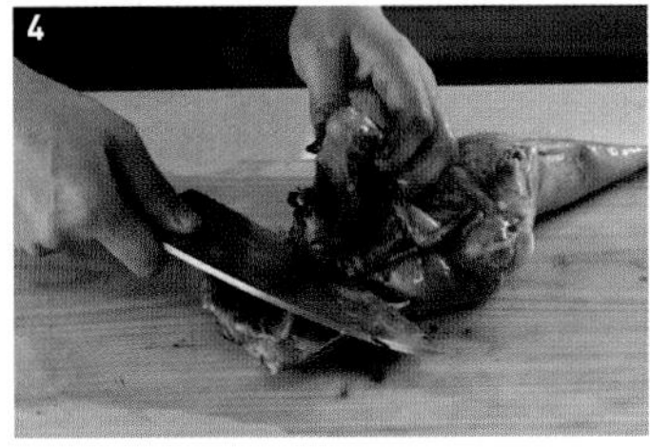

아가미와 혀를 손으로 잡고 칼로 아가미 밑으로 칼을 넣어 갈빗살 연결 부위까지(가운데 흰색) 포 뜨듯 자른다.

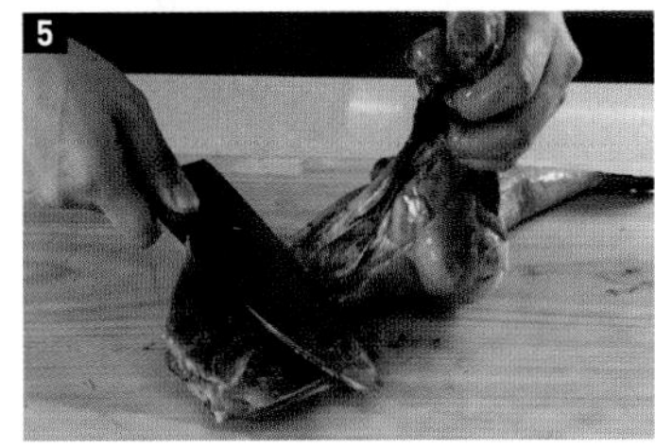

칼로 머리 부위를 눌러 고정하고 아가미와 혀를 잡고 당겨 아가미 살, 내장 부위를 분리한다.

끝부분 내장이 제거가 안 될 경우 칼 윗날로 내장이 터지지 않게 긁어서 분리한다.

아가미 살과 내장 부위 분리

합격 강의

반복학습 1 2 3

조리법 복어 손질 시험시간 조리작업 전체 55분

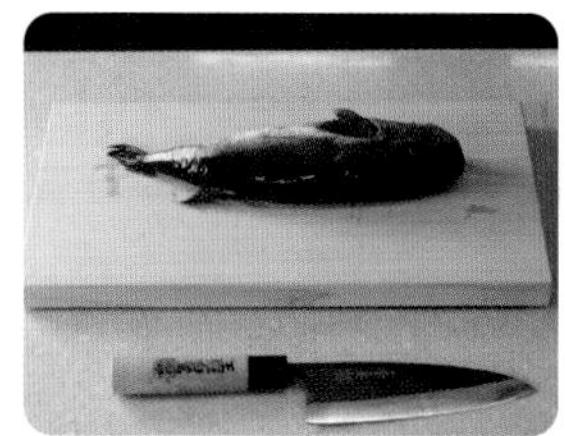

준비할 재료

복어 700g 1마리

요구사항

위생과 안전에 유의하고, 지급된 재료 및 시설을 이용하여 아래 작업을 완성하시오.

가. [1과제] 제시된 복어 부위별 사진을 보고 1분 이내에 부위별 명칭을 답안지의 네모칸 안에 작성하여 제출하시오.

▶복어 부위 감별은 p.2-21 참고

나. [2과제] 소제와 제독작업을 철저히 하여 복어회, 복어껍질초회, 복어죽을 만드시오.

1. 복어의 겉껍질과 속껍질을 분리하여 손질하고 가시는 제거하시오.
2. 회는 얇게 포를 떠 국화꽃 모양으로 돌려 담고, 지느러미·껍질·미나리를 곁들이고, 초간장(폰즈)과 양념(야쿠미)을 따로 담아내시오.
3. 복어껍질초회는 껍질, 미나리를 4cm 길이로 썰어 폰즈, 실파·빨간무즙(모미지오로시)을 사용하여 무쳐내시오.
4. 죽은 밥을 씻어 사용하고, 살은 가늘게 채 썰거나 뼈에 붙은 살을 발라내어 사용하고, 당근·표고버섯은 다지고, 뼈와 다시마로 다시를 만들고, 달걀은 완성 전에 넣어 섞어주고, 실파와 채 썬 김을 얹어 완성하시오.

만드는 방법

아가미를 손으로 잡고 아가미 살과 갈빗살 부위의 연결 부분에 살짝 칼집을 넣는다.

칼의 뒷부분으로 혀를 두르고 손으로 아가미 걸고 뜯어내어 아가미와 내장을 분리한다. 아가미와 내장은 불가식 부위 접시에 놓는다.

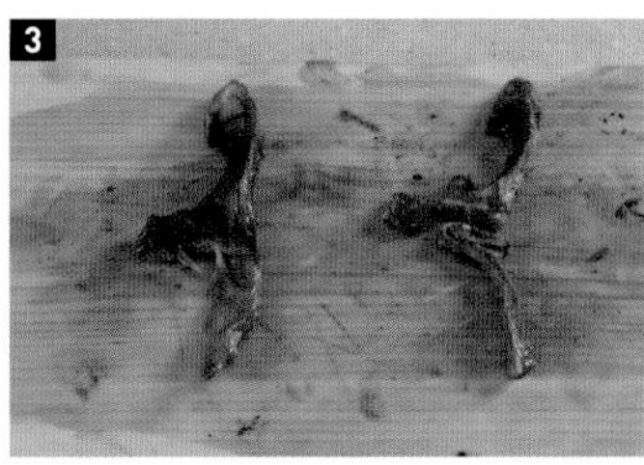

혀는 반으로 자르고, 갈빗살은 반으로 각각 자른다.

뼈마디에 뭉친 피, 점액질은 모두 제거하고 찬물에 담근다.

머리와 몸통 부위 분리, 배꼽살 및 손질

합격 강의

반복학습 1 2 3

조리법 복어 손질　　시험시간 조리작업 전체 55분

준비할 재료

복어 700g 1마리

요구사항

위생과 안전에 유의하고, 지급된 재료 및 시설을 이용하여 아래 작업을 완성하시오.

가. [1과제] 제시된 복어 부위별 사진을 보고 1분 이내에 부위별 명칭을 답안지의 네모칸 안에 작성하여 제출하시오.

▶복어 부위 감별은 p.2-21 참고

나. [2과제] 소제와 제독작업을 철저히 하여 복어회, 복어껍질초회, 복어죽을 만드시오.

1. 복어의 겉껍질과 속껍질을 분리하여 손질하고 가시는 제거하시오.
2. 회는 얇게 포를 떠 국화꽃 모양으로 돌려 담고, 지느러미·껍질·미나리를 곁들이고, 초간장(폰즈)과 양념(야쿠미)을 따로 담아내시오.
3. 복어껍질초회는 껍질, 미나리를 4cm 길이로 썰어 폰즈, 실파·빨간무즙(모미지오로시)을 사용하여 무쳐내시오.
4. 죽은 밥을 씻어 사용하고, 살은 가늘게 채 썰거나 뼈에 붙은 살을 발라내어 사용하고, 당근 · 표고버섯은 다지고, 뼈와 다시마로 다시를 만들고, 달걀은 완성 전에 넣어 섞어주고, 실파와 채 썬 김을 얹어 완성하시오.

만드는 방법

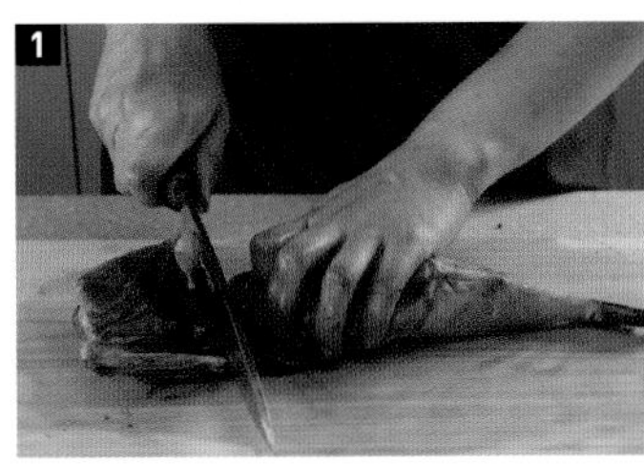

데바로 머리와 몸통 살 부분을 잘라 분리한다.

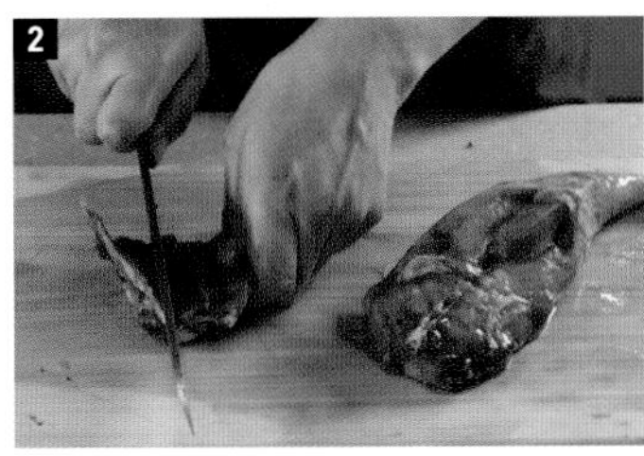

머리는 반으로 자르고, 골, 피, 점액질을 제거한다. 머리뼈는 찬물에 담근다.

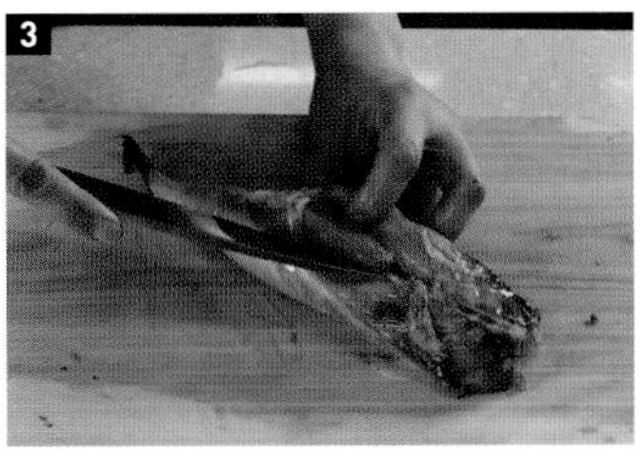

배꼽살은 V로 칼집을 넣어 잘라내고 칼집을 넣고 찬물에 담근다.

기적의 TIP

- 뼈가 담긴 그릇을 개수대에 놓고 찬물을 조금씩 흘려보내거나 물을 자주 갈아서 핏물이 고이지 않도록 한다.

몸통 세 장 뜨기

합격 강의

반복학습 1 2 3

조리법 복어 손질　　시험시간 조리작업 전체 55분

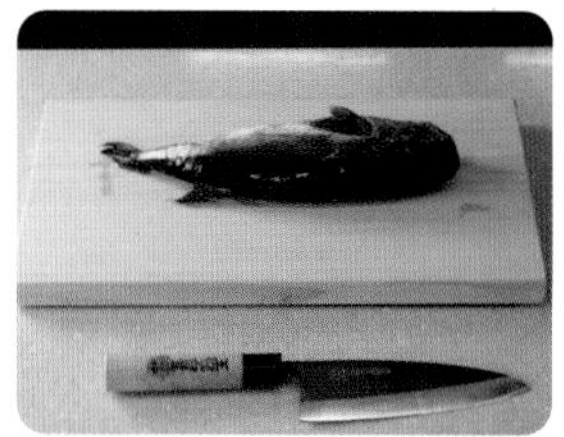

준비할 재료

복어 700g 1마리

요구사항

위생과 안전에 유의하고, 지급된 재료 및 시설을 이용하여 아래 작업을 완성하시오.

가. [1과제] 제시된 복어 부위별 사진을 보고 1분 이내에 부위별 명칭을 답안지의 네모칸 안에 작성하여 제출하시오.

▶복어 부위 감별은 p.2-21 참고

나. [2과제] 소제와 제독작업을 철저히 하여 복어회, 복어껍질초회, 복어죽을 만드시오.

1. 복어의 겉껍질과 속껍질을 분리하여 손질하고 가시는 제거하시오.
2. 회는 얇게 포를 떠 국화꽃 모양으로 돌려 담고, 지느러미 · 껍질 · 미나리를 곁들이고, 초간장(폰즈)과 양념(야쿠미)을 따로 담아내시오.
3. 복어껍질초회는 껍질, 미나리를 4cm 길이로 썰어 폰즈, 실파 · 빨간무즙(모미지오로시)을 사용하여 무쳐내시오.
4. 죽은 밥을 씻어 사용하고, 살은 가늘게 채 썰거나 뼈에 붙은 살을 발라내어 사용하고, 당근 · 표고버섯은 다지고, 뼈와 다시마로 다시를 만들고, 달걀은 완성 전에 넣어 섞어주고, 실파와 채 썬 김을 얹어 완성하시오.

만드는 방법

데바로 머리에서 꼬리방향으로 뼈에 살이 많이 남아있지 않도록 세장뜨기를 한다.

반대 방향으로 돌려 뼈가 도마에 있도록 놓고 세장뜨기를 한다.

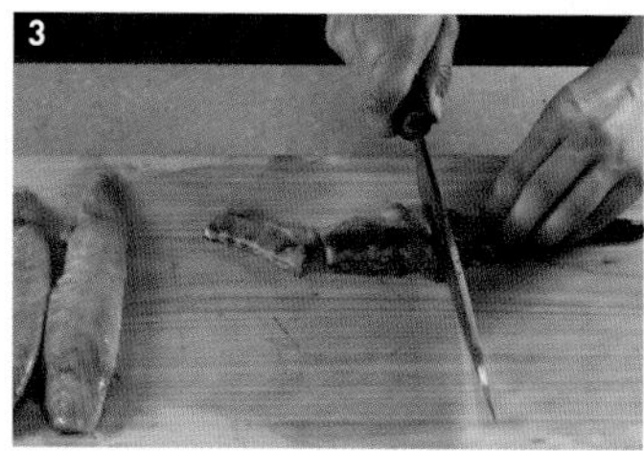

뼈는 데바의 아랫날로 칼집을 넣어 핏물이 나오도록 하고 3~4토막 잘라 찬물에 담근다. 꼬리 지느러미는 불가식 부위 접시에 놓는다.

사시미로 복어살 세 면에 밀착되어있는 막을 얇게 제거한다.

껍질 쪽에는 전체적으로 막이 있어서 손가락으로 눌러 도마에 밀착시켜 막을 얇게 제거한다.

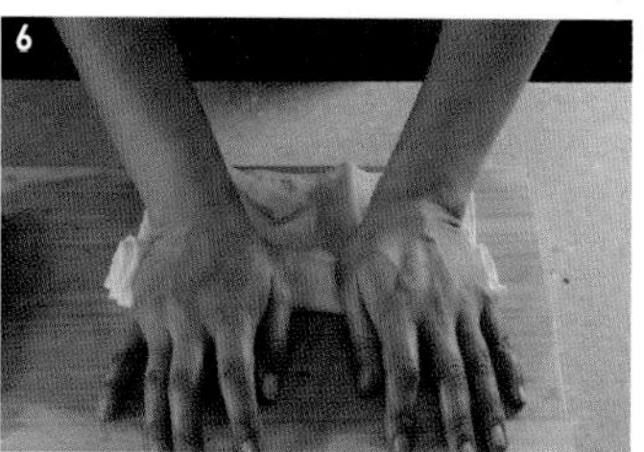

해동지나 면포로 복어살을 눌러가면서 수분을 제거한다.

껍질 손질하는 방법

합격 강의

반복학습 1 2 3

조리법 복어 손질　시험시간 조리작업 전체 55분

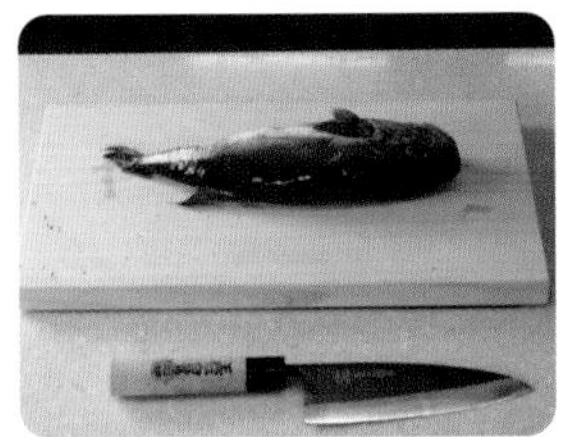

준비할 재료

복어 700g 1마리

요구사항

위생과 안전에 유의하고, 지급된 재료 및 시설을 이용하여 아래 작업을 완성하시오.

가. [1과제] 제시된 복어 부위별 사진을 보고 1분 이내에 부위별 명칭을 답안지의 네모칸 안에 작성하여 제출하시오.

▶복어 부위 감별은 p.2-21 참고

나. [2과제] 소제와 제독작업을 철저히 하여 복어회, 복어껍질초회, 복어죽을 만드시오.

1. 복어의 겉껍질과 속껍질을 분리하여 손질하고 가시는 제거하시오.
2. 회는 얇게 포를 떠 국화꽃 모양으로 돌려 담고, 지느러미 · 껍질 · 미나리를 곁들이고, 초간장(폰즈)과 양념(야쿠미)을 따로 담아내시오.
3. 복어껍질초회는 껍질, 미나리를 4cm 길이로 썰어 폰즈, 실파 · 빨간무즙(모미지오로시)을 사용하여 무쳐내시오.
4. 죽은 밥을 씻어 사용하고, 살은 가늘게 채 썰거나 뼈에 붙은 살을 발라내어 사용하고, 당근 · 표고버섯은 다지고, 뼈와 다시마로 다시를 만들고, 달걀은 완성 전에 넣어 섞어주고, 실파와 채 썬 김을 얹어 완성하시오.

만드는 방법

밀복

복어 겉껍질을 도마 바닥에 놓고, (오른손잡이 기준) 꼬리 부분을 왼쪽, 머리 부분을 오른쪽으로 놓는다. 데바 칼 아랫날로 꼬리 쪽에서 머리 쪽으로 긁어 속껍질을 분리한다.

등과 배 쪽 가운데를 잘라 2등분을 한다. (까치복은 생략)

껍질의 안쪽 부분을 도마에 밀착시키고, (오른손잡이 기준) 꼬리 부분을 왼쪽, 머리 부분을 오른쪽으로 놓는다. 사시미칼로 칼배와 껍질을 밀착시켜 위아래로 밀고 당기며 가시를 제거한다.

까치복

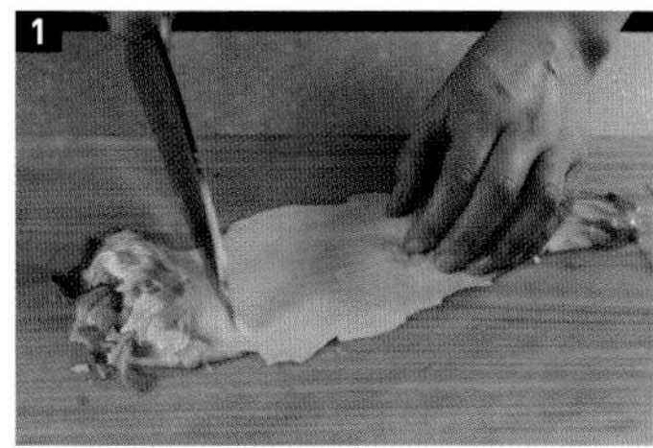

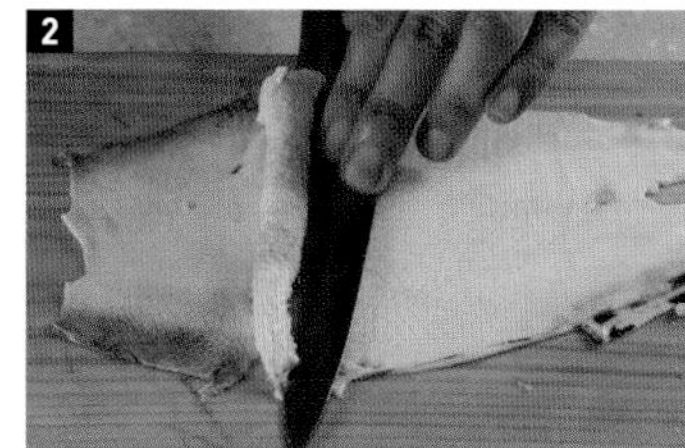

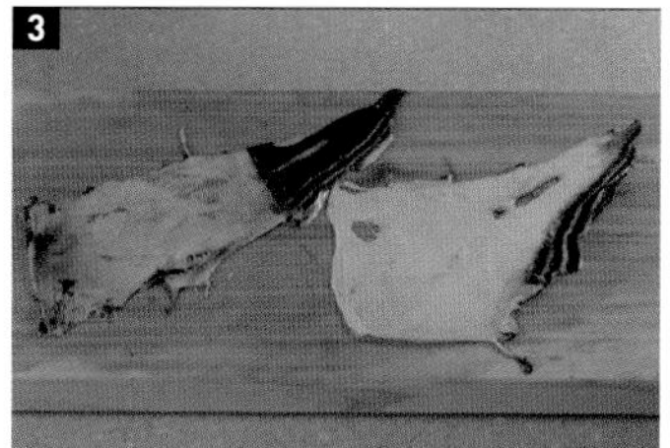

까치복은 속껍질은 넓게 비교적 쉽게 벗겨진다. 겉껍질은 두꺼워 가시밀기를 할 때 밀복보다 힘이 조금 더 들어가고 칼이 더 예리해야 한다.

기적의 TIP

- 도마의 바닥에 이물질이 없어야 하고, 너무 마른 상태보다는 수분이 있는 경우가 좋다.
- 칼은 매우 잘 들어야 하고, 칼의 배 부분이 도마, 복어 껍질과 완전히 밀착되어있어야 가시밀기가 잘된다.
- 밀복은 속껍질 머리 쪽 분홍색 부분을 잘 제거해야 한다. 까치복보다 속껍질 제거가 더디다. 겉껍질은 얇아 가시밀기할 때 칼을 세우지 않고 끊어지지 않도록 주의한다.

재료 준비

합격 강의

반복학습 1 2 3

조리법 복어 전체 과정　　시험시간 조리작업 전체 55분

준비할 재료

복어 700g 1마리, 무 100g, 생표고버섯(중) 1개, 당근(곧은 것) 50g, 미나리(줄기 부분) 30g, 실파(쪽파 대체가능) 30g 2줄기, 밥(햇반 또는 찬밥) 100g, 김 1/4장, 달걀 1개, 레몬 1/6쪽, 진간장 30mL, 건다시마(5x10cm) 2장, 소금 10g, 고춧가루 5g, 식초 30mL

요구사항

위생과 안전에 유의하고, 지급된 재료 및 시설을 이용하여 아래 작업을 완성하시오.

가. [1과제] 제시된 복어 부위별 사진을 보고 1분 이내에 부위별 명칭을 답안지의 네모칸 안에 작성하여 제출하시오.

▶복어 부위 감별은 p.2-21 참고

나. [2과제] 소제와 제독작업을 철저히 하여 복어회, 복어껍질초회, 복어죽을 만드시오.

1. 복어의 겉껍질과 속껍질을 분리하여 손질하고 가시는 제거하시오.
2. 회는 얇게 포를 떠 국화꽃 모양으로 돌려 담고, 지느러미·껍질·미나리를 곁들이고, 초간장(폰즈)과 양념(야쿠미)을 따로 담아내시오.
3. 복어껍질초회는 껍질, 미나리를 4cm 길이로 썰어 폰즈, 실파·빨간무즙(모미지오로시)을 사용하여 무쳐내시오.
4. 죽은 밥을 씻어 사용하고, 살은 가늘게 채 썰거나 뼈에 붙은 살을 발라내어 사용하고, 당근 · 표고버섯은 다지고, 뼈와 다시마로 다시를 만들고, 달걀은 완성 전에 넣어 섞어주고, 실파와 채 썬 김을 얹어 완성하시오.

만드는 방법

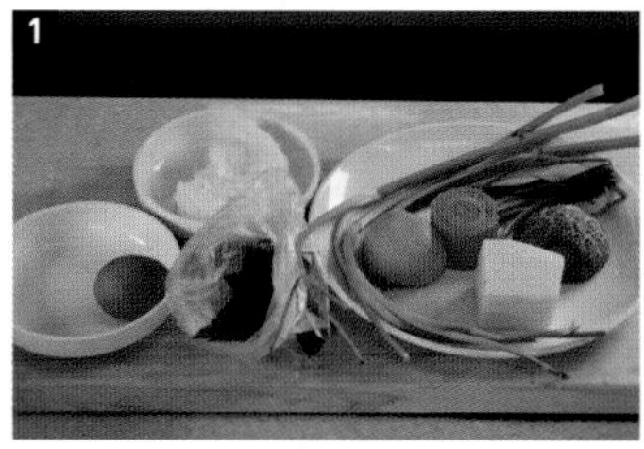

1 채소는 흙과 뿌리가 없도록 하고 미나리의 잎부분, 무와 당근의 겉껍질을 제거하고 씻어 물기를 제거한다. 김과 다시마는 물에 젖지 않도록 보관한다. 그릇은 불가식, 가식 부위를 빠르게 나눌 수 있도록 펼쳐두고, 찬물을 준비해서 뼈와 껍질을 넣을 수 있게 한다.

2 다시마 1장과 물 1/2컵을 넣고 약한 불로 끓이고, 끓기 전 다시마는 건져 버리고, 다시마 육수는 빼놓는다. 그리고 냄비에 물을 넉넉히 약한 불로 끓이면서 복어 손질을 한다.

3 복어 손질을 순서대로 위생적으로 안전하게 빠르게 한다.
중간에 채소 작업을 하거나 데치는 작업을 하지 않고 복어의 제독 작업에 집중한다.

▶ 복어 손질은 p.2-106 참고

4 복어 손질이 끝나면 불을 강하고 올려서 살, 껍질, 뼈 순서로 데쳐서 찬물에 헹군다. 살을 1분 정도, 밀복의 껍질은 5초 전후, 까치복은 30초~1분 정도 두께에 따라 다르다. 뼈는 30초 이내로 불순물 제거만 한다.

5 데친 뼈와 물을 3~4컵 정도 뼈가 잠길 정도로 넣고, 다시마는 겉면을 마른 면포로 닦아 넣고 약한 불로 끓인다. 채소 손질 중에 끓기 전 다시마는 건져 버리고 채소 손질하는 10분 정도 동안 계속 육수를 끓이며 거품을 제거한다.

기적의 TIP

- 데치는 중에 도마, 칼을 세척하고 불가식 부위를 버리고, 그릇을 깨끗하게 준비한다. 복어조리기능사는 시간이 많이 부족한 자격증이므로 데치면서 육수를 끓이면서 다음 작업을 계속 준비해야 한다.

재료 손질

반복학습 1 2 3

조리법 복어 전체 과정   시험시간 조리작업 전체 55분

준비할 재료

복어 700g 1마리, 무 100g, 생표고버섯(중) 1개, 당근(곧은 것) 50g, 미나리(줄기 부분) 30g, 실파(쪽파 대체가능) 30g 2줄기, 밥(햇반 또는 찬밥) 100g, 김 1/4장, 달걀 1개, 레몬 1/6쪽, 진간장 30mL, 건다시마(5x10cm) 2장, 소금 10g, 고춧가루 5g, 식초 30mL

요구사항

위생과 안전에 유의하고, 지급된 재료 및 시설을 이용하여 아래 작업을 완성하시오.

가. [1과제] 제시된 복어 부위별 사진을 보고 1분 이내에 부위별 명칭을 답안지의 네모칸 안에 작성하여 제출하시오.

▶복어 부위 감별은 p.2-21 참고

나. [2과제] 소제와 제독작업을 철저히 하여 복어회, 복어껍질초회, 복어죽을 만드시오.

1. 복어의 겉껍질과 속껍질을 분리하여 손질하고 가시는 제거하시오.
2. 회는 얇게 포를 떠 국화꽃 모양으로 돌려 담고, 지느러미·껍질·미나리를 곁들이고, 초간장(폰즈)과 양념(야쿠미)을 따로 담아내시오.
3. 복어껍질초회는 껍질, 미나리를 4cm 길이로 썰어 폰즈, 실파·빨간무즙(모미지오로시)을 사용하여 무쳐내시오.
4. 죽은 밥을 씻어 사용하고, 살은 가늘게 채 썰거나 뼈에 붙은 살을 발라내어 사용하고, 당근·표고버섯은 다지고, 뼈와 다시마로 다시를 만들고, 달걀은 완성 전에 넣어 섞어주고, 실파와 채 썬 김을 얹어 완성하시오.

만드는 방법

미나리는 4cm로 자른다.

레몬은 웨지 형태나 반달 형태로 자른다. 실파는 송송 썬다.

무는 강판에 갈아 체에 밭쳐서 물에 씻고 물기를 꼭 짠 후 고운 고춧가루로 무쳐 준비한다.

간장, 다시마 물, 식초 2~3큰술씩 동량으로 만들어 섞어 둔다.

당근과 표고는 다지고, 밥은 씻어 뭉친 것이 없도록 하고 체에 밭쳐 놓는다. 달걀은 잘 풀어 체에 내려놓는다.

데바칼로 데친 복어 껍질을 4cm 간격으로 썬다. 배와 등을 각각 썰고 회에 분리해서 놓도록 한다.

육수는 체와 면포로 걸러 맑게 준비하고, 냄비에 죽을 끓일 육수를 2컵 정도 넣어 놓는다. 밥을 미리 넣으면 퍼지므로 끓기 전에 재료를 넣는다.

기적의 TIP

- 복어용과 구분하여 채소칼을 별도로 준비하여 사용한다.
- 채소를 썰어 바로 사용하기 좋게 준비하면 좋다. 예를 들어, 죽에 들어가는 당근, 표고, 달걀, 밥을 한 접시에 모아 놓고, 껍질초회에 들어가는 미나리, 실파, 무는 바로 무칠 수 있도록 볼에 담아 놓는다.
  - 미나리 : 껍질초회, 회
  - 아까오로시 : 껍질초회, 야꾸미
  - 당근, 표고, 달걀, 밥 : 죽
  - 폰즈 : 껍질초회, 종지
  - 복어 껍질 : 껍질초회, 회
- 복어 껍질은 젤라틴성분 때문에 칼에 많이 붙는데 이때 칼, 손, 도마에 물을 묻혀 썰면 편하다.

복어 사시미

반복학습 1 2 3

조리법 복어 전체 과정 시험시간 조리작업 전체 55분

준비할 재료

복어 700g 1마리, 무 100g, 생표고버섯(중) 1개, 당근(곧은 것) 50g, 미나리(줄기 부분) 30g, 실파(쪽파 대체가능) 30g 2줄기, 밥(햇반 또는 찬밥) 100g, 김 1/4장, 달걀 1개, 레몬 1/6쪽, 진간장 30mL, 건다시마(5x10cm) 2장, 소금 10g, 고춧가루 5g, 식초 30mL

요구사항

위생과 안전에 유의하고, 지급된 재료 및 시설을 이용하여 아래 작업을 완성하시오.

가. [1과제] 제시된 복어 부위별 사진을 보고 1분 이내에 부위별 명칭을 답안지의 네모칸 안에 작성하여 제출하시오.

▶복어 부위 감별은 p.2-21 참고

나. [2과제] 소제와 제독작업을 철저히 하여 복어회, 복어껍질초회, 복어죽을 만드시오.

1. 복어의 겉껍질과 속껍질을 분리하여 손질하고 가시는 제거하시오.
2. 회는 얇게 포를 떠 국화꽃 모양으로 돌려 담고, 지느러미·껍질·미나리를 곁들이고, 초간장(폰즈)과 양념(야쿠미)을 따로 담아내시오.
3. 복어껍질초회는 껍질, 미나리를 4cm 길이로 썰어 폰즈, 실파·빨간무즙(모미지오로시)을 사용하여 무쳐내시오.
4. 죽은 밥을 씻어 사용하고, 살은 가늘게 채 썰거나 뼈에 붙은 살을 발라내어 사용하고, 당근·표고버섯은 다지고, 뼈와 다시마로 다시를 만들고, 달걀은 완성 전에 넣어 섞어주고, 실파와 채 썬 김을 얹어 완성히시오.

만드는 방법

젖은 행주를 준비하고 사시미칼로 교체하고, 주변정리를 하고, 복어 사시미 접시를 정면에 둔다.

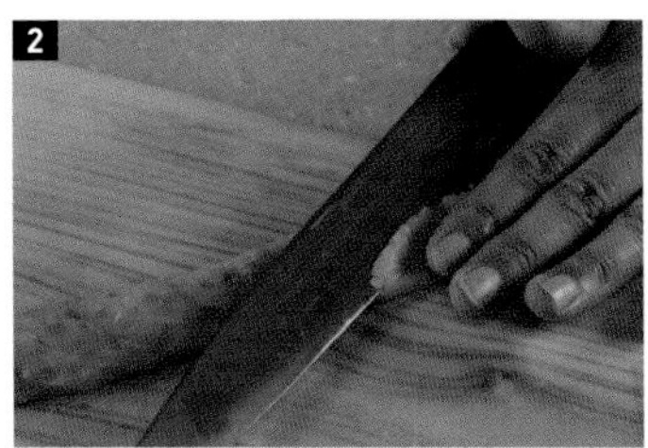

복어살을 도마에 사선으로 놓고 약 길이 6~7cm, 폭 2~3cm로 얇게 회를 뜬다.

왼손의 엄지와 검지를 이용해 회의 윗부분을 왼쪽으로 꺾어 삼각 접기를 한다.

복어 회를 접시에 담을 때 12시 방향에 놓고 시계 방향으로 접시를 돌리면서 회는 시계 반대 방향으로 일정하게 놓는다. 복어살을 일정한 폭과 길이로 자른다.

자투라기 회는 가늘게 채를 썰어 죽용으로 빼놓는다.

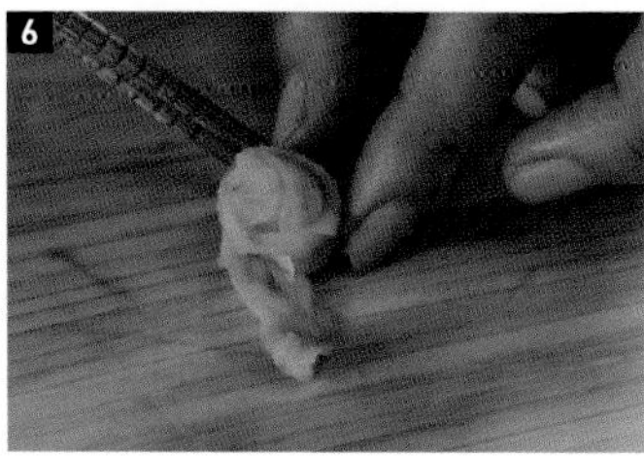

횟감으로 모양이 일정하지 않거나 마지막 남은 회는 3~5장정도 겹쳐 말아 장미꽃을 만든다.

사시미 위 장미꽃 위에 지느러미 말린 것을 올려 나비모양으로 올리고, 미나리와 껍질 채썬 것을 나란히 놓는다.

기적의 TIP

- 시험 종료 10분 전 두 번째 사시미를 뜨기 시작한다. 이 때 죽을 끓인다.
- 시간 배분을 못해 사시미 뜨는 시간이 부족하면 죽 끓이기와 사시미를 동시에 시작한다.

복어 죽

합격 강의

반복학습 1 2 3

조리법 복어 전체 과정　　시험시간 조리작업 전체 55분

준비할 재료

복어 700g 1마리, 무 100g, 생표고버섯(중) 1개, 당근(곧은 것) 50g, 미나리(줄기 부분) 30g, 실파(쪽파 대체가능) 30g 2줄기, 밥(햇반 또는 찬밥) 100g, 김 1/4장, 달걀 1개, 레몬 1/6쪽, 진간장 30mL, 건다시마(5x10cm) 2장, 소금 10g, 고춧가루 5g, 식초 30mL

요구사항

위생과 안전에 유의하고, 지급된 재료 및 시설을 이용하여 아래 작업을 완성하시오.

가. [1과제] 제시된 복어 부위별 사진을 보고 1분 이내에 부위별 명칭을 답안지의 네모칸 안에 작성하여 제출하시오.

▶복어 부위 감별은 p.2-21 참고

나. [2과제] 소제와 제독작업을 철저히 하여 복어회, 복어껍질초회, 복어죽을 만드시오.

1. 복어의 겉껍질과 속껍질을 분리하여 손질하고 가시는 제거하시오.
2. 회는 얇게 포를 떠 국화꽃 모양으로 돌려 담고, 지느러미·껍질·미나리를 곁들이고, 초간장(폰즈)과 양념(야쿠미)을 따로 담아내시오.
3. 복어껍질초회는 껍질, 미나리를 4cm 길이로 썰어 폰즈, 실파·빨간무즙(모미지오로시)을 사용하여 무쳐내시오.
4. 죽은 밥을 씻어 사용하고, 살은 가늘게 채 썰거나 뼈에 붙은 살을 발라내어 사용하고, 당근·표고버섯은 다지고, 뼈와 다시마로 다시를 만들고, 달걀은 완성 전에 넣어 섞어주고, 실파와 채 썬 김을 얹어 완성하시오.

만드는 방법

육수는 1컵 반에서 2컵 사이, 씻은 밥, 당근, 표고, 복어 살을 넣고 약~중불로 끓인다.

국물이 반으로 줄면 소금 간을 하고, 달걀을 가늘게 흘리면서 죽을 빠르게 젓는다.

실파와 김은 구워서 가늘게 채를 썬다.

대접에 죽을 담고 채썬 실파와 김은 고명을 올린다.

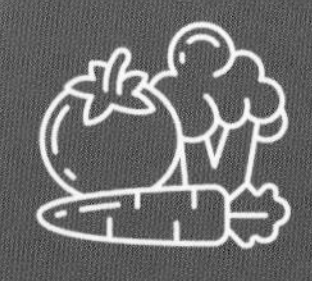

복어 껍질 초회 및 완성

▶ 합격 강의

반복학습 1 2 3

조리법 복어 전체 과정　　시험시간 조리작업 전체 55분

준비할 재료

복어 700g 1마리, 무 100g, 생표고버섯(중) 1개, 당근(곧은 것) 50g, 미나리(줄기 부분) 30g, 실파(쪽파 대체가능) 30g 2줄기, 밥(햇반 또는 찬밥) 100g, 김 1/4장, 달걀 1개, 레몬 1/6쪽, 진간장 30mL, 건다시마(5x10cm) 2장, 소금 10g, 고춧가루 5g, 식초 30mL

요구사항

위생과 안전에 유의하고, 지급된 재료 및 시설을 이용하여 아래 작업을 완성하시오.

가. [1과제] 제시된 복어 부위별 사진을 보고 1분 이내에 부위별 명칭을 답안지의 네모칸 안에 작성하여 제출하시오.

▶복어 부위 감별은 p.2-21 참고

나. [2과제] 소제와 제독작업을 철저히 하여 복어회, 복어껍질초회, 복어죽을 만드시오.

1. 복어의 겉껍질과 속껍질을 분리하여 손질하고 가시는 제거하시오.
2. 회는 얇게 포를 떠 국화꽃 모양으로 돌려 담고, 지느러미·껍질·미나리를 곁들이고, 초간장(폰즈)과 양념(야쿠미)을 따로 담아내시오.
3. 복어껍질초회는 껍질, 미나리를 4cm 길이로 썰어 폰즈, 실파·빨간무즙(모미지오로시)을 사용하여 무쳐내시오.
4. 죽은 밥을 씻어 사용하고, 살은 가늘게 채 썰거나 뼈에 붙은 살을 발라내어 사용하고, 당근·표고버섯은 다지고, 뼈와 다시마로 다시를 만들고, 달걀은 완성 전에 넣어 섞어주고, 실파와 채 썬 김을 얹어 완성하시오.

만드는 방법

복어 껍질, 미나리, 실파, 폰즈, 무즙을 제출 직전 섞는다.

반찬 접시에 담아 국물이 1큰술 정도 있게 한다.

복어 사시미, 복어 죽, 폰즈, 야쿠미, 껍질 초회를 도마나 쟁반에 받쳐 한 번에 제출한다.

복어 요점 정리 및 조리 순서

<table>
<tr><th>시간</th><th>도마, 칼 작업</th><th>불, 가스레인지 작업</th></tr>
<tr><td>1분</td><td>재료 씻기, 그릇 세팅
: 야채 껍질과 흙 제거, 복어 물기 제거</td><td>다시마 1장 육수
: 폰즈용, 1/2컵 정도 끓이기</td></tr>
<tr><td rowspan="2">25분</td><td>• 복어 손질
• 지느러미 제거
• 입 자르기
• 칼집 내고 껍질 벗기기
• 아가미, 갈빗대 칼집 내장 제거
• 혀, 갈빗대 / 아가미, 내장 분리
• 안구, 배꼽살 제거
• 대가리 자르기
• 몸통 세 장 뜨기
• 껍질 막 제거, 가시 밀기</td><td>물 넉넉히 끓이기
: 지느러미 옆에 두고 말리기
복어 손질 끝나면 데칠 물 준비</td></tr>
<tr><td>• 불가식 부위 정리
• 도마 세척
• 칼 변경</td><td>데치기
: 살, 껍질, 뼈 순서로 끓는 물에 데쳐서 찬물</td></tr>
<tr><td>10분</td><td>• 채소 손질
• 실파 송송 썰기(죽, 껍질초회, 야꾸미)
• 레몬 슬라이스(야꾸미)
• 모미지오로시(껍질 초회, 야꾸미)
• 미나리 4cm로 썰기(회, 껍질초회)
• 당근, 표고 다지기(죽)
• 밥 씻어 찬물 체에 받치기(죽)
• 달걀 풀어 체에 내리기(죽)
• 폰즈 만들기(껍질 초회, 별도 종지)
• 복 껍질 채썰기(회, 껍질 초회)</td><td>육수
: 다시마, 뼈 3~4컵 정도 약불 육수
• 끓기 전 다시마 건지기
• 거품 제거
• 체, 면포로 거르기</td></tr>
<tr><td rowspan="2">15분</td><td>• 첫 번째 살 회 뜨기
• 적절하지 않은 것은 죽용으로 채썰기</td><td></td></tr>
<tr><td>• 두 번째 살 회 뜨기
• 복어살 돌돌 말아 장미 만들기
• 지느러미, 데친 살 나비 올리기</td><td>죽
: 육수 2컵, 밥, 복어살, 당근, 표고, 소금, 달걀</td></tr>
<tr><td rowspan="2">3분</td><td>껍질초회 무침
: 복 껍질, 미나리, 모미지오로시, 실파, 폰즈</td><td></td></tr>
<tr><td>죽 고명
: 김채, 실파 고명</td><td>김 굽기</td></tr>
</table>

MEMO

자격증은 이기적!

합격입니다.